ドイツ仕込み ニシコーチの
子・育つサッカー
泣き笑い個性満開スクールデイズ

「ドイツサッカースクール」代表
西村岳生

はじめに

僕がサッカーに出会ったのは、小学校4年のとき。その楽しさにとりこになり、高校、大学はプレーヤーとしてサッカーに明け暮れたが、就職を前にあらためて身の振り方を考えたとき、自分のなかの諦めきれない思いに気がついた。どんな形でもいいからこの先もサッカーに触れていたい、世界のサッカーを見てみたい――。就職先の内定を辞退させてもらってまで、ドイツ留学へ。元来勉強は不得手とあって英語もドイツ語もほぼゼロからのスタートだったが、この一歩が人生の転機になった。

ケルンスポーツ大学に通った後、縁あってドイツブンデスリーガのTSV1860ミュンヘンで7年間、育成部門（U－10～U－17）のコーチを務めた。帰国後はJリーグ・湘南ベルマーレ、地元クラブのAC長野パルセイロで小中高生世代を指導。僕はどんどん育成指導に生きがいを見出すようになり、サッカーコーチこそ求めていた人生だと感じた。

そして、念願だった自分のスクール「ドイツサッカースクール」を開校することができた。子どもたちに夢を持ってほしいという想いを持ち、子どもたちが夢を語れる環境をつくることが僕の仕事であり、子どもたちの成長を見守ること、子どもたちに笑顔があふれることがコーチとしての僕の喜び。サッカーがその一つのツールになれたなら本望だと思う。

この本は、２０１３年からスクールの日常を中心に綴ってきた僕のブログが元になっている。著名人でもなく、国語も大の苦手だった自分がブログなど当初は考えもしなかったが、人に勧められるまま始めて早5年が過ぎようとしている。僕が見たまま感じたままに書き残す拙い文章ではあるが、ときに子どもの力に驚かされたり、笑ったり怒ったり、飽きることのないスクールの日常に幸せを感じながら、未来ある子どもたちにたくましく育ってほしいと願う僕なりの育成論になっている。とりわけ子育てに悩む方々に、少しでもヒントになる話があれば幸いに思う。

２０１８年2月吉日

西村岳牛

※本書は、著者のブログに掲載された記事を元に編集・出版したものです。本文中に書かれている肩書やチーム状況等は記事掲載当時のままであり、現在とは異なる場合があります。
出典ブログ
○「西村岳生　笑顔のすすめ」（２０１３・７〜２０１６・３）
http://ameblo.jp/traumakademie/
○「ドイツサッカースクール NEWS&BLOG」（２０１６・２〜）
www.traumakademie.com

ニシコーチの子・育つサッカー　目次

2　コーチの道は子育てにも通ず

プロローグ

「日本人ってサッカーできるの？」

2014-05-17

あのころ、僕はただ自分の「夢」に向かって突っ走っていた。

僕はドイツのケルンスポーツ大学へ通った後、1998年からTSV1860ミュンヘンの育成部門でコーチをした。当時ドイツ・ブンデスリーガ1部に所属のクラブ。あのころドイツのリーグに日本人選手はいなかった。というか、ヨーロッパでプレーしている日本人はいなかった。

僕がコーチを始めたころは、よく「あなたは何人？」と聞かれたものだ。「日本人」と答えると、「日本人ってサッカーできるの？」と揶揄《やゆ》された。

かなり悔しい思いをした。

でも、1年目に担当したU-10チームが、バイエルン州のカップ戦決勝で、世界的ビッグクラブのバイエルン・ミュンヘンを破って優勝した。リーグ戦ではホームでもアウェーでも完敗したバイエルンに、シーズンの最後を締めくくる試合で勝った。そして僕たちが優勝したのだ。クラブの会長は、トップチームが勝つのと同じくらい大喜びして、僕の仕事を高く評価してくれた。おかげで、サッカーをどれだけ知り、できるのかも分からんアジア人コーチの僕を、多くの人たちが認めてくれるようになった。

ヨーロッパのプロサッカー界では、新入りの選手がチームのトレーニングに参加しても、能力の高さを見せるまでパス1本まわってこない。指導者も同様で、結果を出さないと誰も認めてくれない。ブンデスリーガのクラブでコーチをする以上、指導する育成部門の選手たちをプロ選手にすることが僕の仕事。それだけでなく、選手一人ひとりが成長できるように努めてきた。

ただ大人たちと違って、選手である子どもたちは、僕に対して〝サッカー後進国アジア〟という偏見はなかった。言葉のハンディがあるから、ドイツ人だったら10分ですむ話が僕の場合30分以上かかる、なんてことはよくあったけれど、僕は選手のためにやってきたし、選手たちにもそれが伝わっていたと思う。だから彼らは、反抗することはあっても、いつもお互いが納得できるまで僕と話し合った。

10年近く時間がたったいまでも、僕が訪独すると教え子たちがあたたかく迎えてくれる。日本人の僕が真剣に彼らに向き合っていたことを、ドイツ人である子どもたちも感じていたからだと思う。

僕がドイツにいたとき、いつも語っていた「夢」。

それはいつの日か、自分の育った長野で、自分の理念と哲学のもとにクラブを運営することだった。

いま、そのスタート地点に立った。

いつも自分の「夢」を持ち、「想い」を抱き、その二つを語り続けてきたからだ。このスタート地点から、どんどん先へ進んでいく。

子どもたちに夢を！

すべての人に笑顔を！

未来を元気に！

僕の夢だ。

❶ 子どもたちの横顔

—スクール生の日常と成長—

遊べや学べ

年代を超えて

2013-10-31

今日の小学生スクール。

子どもたちに「集合」と伝えても、さっと集まらない。集合しても、好き勝手にしゃべっていて話を聞く態勢にならない。

若かったころの僕は、そんなときすぐにカミナリを落としていた。最近は、子どもたちを眺めながら待っている。いつ彼らは自分たちの行動に気づくだろうか、と。

高学年の子たちは、状況に少しずつ気づき始めた。さすがに年上だけのことはある。しかし低学年の子たちは、相変わらずくっちゃべっている。

すると6年生が、低学年の子たちに言いだした。

「早く集まろうよ」
「静かにしろよ」
さすがだなぁと思った。僕が黙ってさらに待っていると、最後は静かになり、全員が話を聞く態勢になった。

僕が小学校低学年のころ、公園でも、山や川でも、遊びに行くときは年上の子についていくのが当たり前だった。そのたびに年上の子たちから刺激を受け、いろんなことを学んだ。だから自分が高学年になったときには、年下の子たちを連れて遊びに行くのが自然だったし、年下の子たちが危なそうなときは、その場で教えてやったものだ。

子どもたちは年代を超えて遊ぶことで、考え、相談し、解決する。遊んで学ぶ。

今日、指示を出した高学年の子たちは立派だった。低学年の子たちは、上級生の存在感を感じたに違いない。

年上が年下の子の面倒をみて、年下は年上の子を信じてついていく。そんなコミュニケーションを、僕も自分のスクールでは大切にする。だから子どもが自ら解決策を見出すまで、大人は簡単に答えを出さずじっと待つのである。

手つなぎ鬼で熱くなる

2013-11-14

小学生スクールで手つなぎ鬼をしていたら、1年生が転んで泣いていた。その子は6年生と二人で鬼になって、手をつないでいた。走りながら手を引く6年生の勢いに振り回されて、思いっきり転んだのだ。

6年生はしゃがんで声をかけながら、泣いている1年生のTシャツの土を払いはじめた。うずくまって、かなり長い時間泣いていた1年生。6年生はその間ずっと横にいて、彼にやさしく声をかけていた。

1年生が泣きやんで立ち上がると、6年生は彼に自分の手袋を貸そうとしていた。気温が低いなか、1年生は素手だった。その手は冷たく、かじかんでいるだろう。しかも転んでかなり痛そうだ。

6年生の彼は、とてもやさしかった。

おかげで立ち上がった1年生はまた手つなぎ鬼に戻り、スクールの最後まで元気にサッカーを楽しんだ。

あえて離れて彼らのやり取りを見ていた僕は、うれしくなった。子ども同士で、危険回避と思いやる心を同時に学んでいる。心あたたまる光景だった。

　手つなぎ鬼に戻るとき、二人はもう笑顔になっていた。その二人の笑顔を見て、心配していたスクールの仲間たちも、手つなぎ鬼がパワーアップ。これぞ子どもだけのすばらしい学びの時間！

　また僕は、子どもたちから笑顔になれるパワーをもらったのだ。

遊びの進化形「サッカーミニゲーム」

2014-06-11

最近、スクールでおもしろい光景を目にする。
スクール前に集まってきた子どもたちが、勝手にミニゲームを始める。子ども同士でゲームをやろうと言いだし、自分たちで学年や年齢に関係なくチーム分けをする。僕はいつもそのようすを遠巻きに見ている。

当初はチーム分けをした後、色分けすることなくミニゲームが始まっていた。子どもたちは全員、スクールでそろいの水色シャツ。端《はた》から見ていると、誰がどっちのチームか分からなかった。最近は誰かしら「コーチ、ビブス借りても良いですか?」と聞きにくる。ビブスとは、色分けに使うベストのこと。僕は「どうぞ好きに使って!」とだけ伝える。

先日はさらにおもしろかった。誰かが、グラウンドに自分の足でサッカーコートを描いてつくった。カラーマーカーを使うときもあれば、足でラインを引いたりと、子どもたちのアイデアがどんどん進化し、サッカーコートができあがっていく。

いまの世の中、指示待ちの子どもたちが多い。保護者の過干渉が背景にある。学校へ子どもの忘れ物を届ける、毎朝子どもを起こしてあげる、などはよくある話。そして子どもが何かしようとする前に、大人があれこれ指図してしまう。

寒いから、上着を着て行きなさい。

遊びに行く前に宿題をやりなさい。

あれを……これを……。子どもたちにとっては指示があると簡単だ。自分で考える必要がないのだから。しかしいつの日か、子ども自身が壁にぶつかる。親から離れて、社会に出て、指示を待つ自分に気づくのでは遅すぎる。


サッカーでは、自分で「見る」「聞く」「感じる」ことが大事だ。経験が自分自身を大きくしていく。そして相手の壁にぶち当たったら、自分がどうしたら良いかを考え、その場を打開するために最善の策を決断し、とにかく自分で実行する。「見る」「聞く」「感じる」。そして「考える」「決断する」「実行する」。試合中、このサイクルが瞬時にして実行されなければならない。それも何度も何度も、休む暇なく90分間続けるのがサッカーだ。

だから、指示を待っている選手では厳しい。成功するか失敗するか結果は分からないが、自分で考えて実行していれば、失敗も必ず次の成功へとつながる。

子どもたちが自分たちで考えて始めるミニゲームには、大きな意味がある。子どもたち自身の成長につながっている。僕は成長を見守る。本当にワクワクする毎日だ。

ミニゲーム、さらに進化する。

2014-10-10

スクールが始まるまでは、子どもたちの自由時間。その時間で子どもたちの遊びがどんどん進化している。

僕が会場準備をしていると、自然に子どもたちが集まってくる。すると自分たちで話し合ってチームを決め、ミニゲームを始める。

「コーチ、コーンを貸してください!」

と荷物車からカラーコーンを取り出し、ミニゲーム用のゴールをつくる。マーカーでサッカーコートを描き、色分け用のビブスを着て、勝手にゲームを始めている。1年生から6年生までが混ざっているので、低学年の子たちも楽しめるルールが工夫されていく。僕は設営をしながら、子どもたちのようすを楽しみながら見る。

オランダのトレーニング論に、M-T-M方式というものがある。同国で主流の、子どもたちの育成プログラム。Mはマッチ=ゲーム・試合、Tはトレーニング=練習だ。マッチを行い、その課題をトレーニングし、またマッチで確認する。

僕のスクールでは、集まってきた子どもたちで自然とマッチ(ミニゲーム)が始まる。その後、僕がトレーニングを行なう。そしてスクールの終盤で、マッチを行なう。

僕はスクールを立ち上げたとき、子どもたちの自主・自立を哲学に掲げた。子どもたちが自分で考え、行動するようにならなければ、社会で通用しない。だからこそ、その力をつけていくサポートを大人がするべきなのだ。

スクール前のミニゲームは、最高だ。大人が関わらないからこそ、彼らは自分たちで考え合って遊んでいる。サッカーはあくまでもツールであり、子どもたちが自立していくサポートになったらうれしい。

どうすれば楽しく、効率的に遊べるか。子どもたちは一生懸命自分で考えて、どんどん進化していく。スクールの子どもたちの成長をうれしく思う。

みんな、たくましい子どもになれ！

「裏を取る」戦術

2015-05-30

鬼ごっこ、かくれんぼ、缶けり……。子どもの外遊びには、多くの学ぶ機会がある。サッカーの戦術を学ぶことにも大きなつながりがあると思うのだ。

「裏を取る」という言葉がある。サッカー界で「相手の裏を取る」と言えば、相手の予測とは違うことをするという意味だ。「相手の逆を取る」とも言う。

現代っ子は、この「相手の裏を取る」ことがヘタだ。遊び方の変化も一つの要因だと思う。

昔の子どもたちはよく外遊びをした。何もないところで遊びを創りだす想像力があった。そして大勢で遊ぶなかで、ゲームに勝つためにいろんな知恵を絞ったものだ。鬼ごっこであればどうやって鬼に捕まらずに逃げるか、かくれんぼであれば、いかに見つからないように隠れるか。鬼は鬼で、相手を捕まえるために考える。遊びから自然に学ぶ戦術というものだ。

サッカーは、常に相手との化かし合いだ。相手の予測に反したことをして、先手を取る。常に考えなければならないし、相手の考えを読むことも必要だ。

いまや日本中でたくさんの子どもたちがサッカーをしているが、かけひきが上手な子は少ない。まじめに一生懸命プレーする子は多いが、相手を化かし続ける子は少ない。

サッカーで活躍したかったら、子どものころにたくさん外遊びをしたらいい。つくられた遊具や遊園地で、ただ乗るだけ動かすだけの外遊びではなくて、何もない公園や自然のなかで、仲間とともに創りだす外遊びをだ。

昔ながらの「考える」外遊びは、子どもたちに大きな力を与えてくれる。それは将来、社会に出て生きていくための力にもなるのだから。

本当に木が生えてきたらいいのになぁ

2016-06-10

スクールが始まる前の幼児たちが、黙々と作業をしていた。

木の実を採る。地面に蒔《ま》く。土を集めて、蒔いた木の実にかぶせる。最後にジョロで水をかける。それを何度も繰り返す。

シモコーチ（スクールスタッフの下村航コーチ）は、その作業を一部始終見ていた。

「彼らは何してるんだ？」

僕はシモコーチに聞いてみた。すると、
「先週もやっていたんですよね。だけど何も変化なかったらしいです」
と教えてくれた。先週植えた木の実について子どもたちが何と言っているのか気になった。シモコーチは良く知っていた（笑）。子どもたちの答えは、「木の実、アリに食べられたから木が生えてこない」だったと。

子どもは、大人では思いもつかないアイデア、自由で斬新な発想を持っている。子どもの発想を大切にしてあげると、彼らは自分たちで考えて、どんどん次なる遊びを生みだす。

木の実を採り、土に蒔いては水をかける。子どもたちにとってこれは大変な作業ではなく、楽しい遊びだ。何度も何度も繰り返す。その姿がとてもかわいらしかった。木の実から芽が出るに違いないと信じてやまない一生懸命な眼差《まなざ》しに、僕はあえて声をかけずに見ていた。

いきいきしている子どもの姿はいいもんだ！

思わずシモコーチとほほえんでしまった。いつの日か、本当に木が生えてきたらいいのになぁ。その芽を見て子どもたちが大喜びする姿を見てみたい。

SOS

2016-07-29

「ピンポン、ピンポン、ピンポン、ピンポン！」

昨日の午前中、わが家の玄関チャイムがやかましく鳴り響いた。

何事かとドアを開けた瞬間、スクール生のBくんが血相を変えて早口に話し始めた。

スクール生4人で近所の公園で遊んでいたら、Aくんが木登りをして落っこちて、腕が腫《は》れあがっているという。骨折か――？　あわてて公園へ向かった。

すると、Aくんは公園にいない。そこにいたYくんに聞くと、もう一人のスクール生Sくんと近所の整骨院に行ったらしい。急いでその整骨院へ行くと、既に先生が応急処置をしてくれていた。

「骨折だから、すぐに整形外科へ連れて行ってください」

先生は、僕の顔を見ながら言った。すぐに市内の大きな病院に連れて行き、その後はご家族が対応した。レントゲンで3か所の骨折が判明し、手術後そのまま入院。無事に手術が終わりホッとしたが、全治2か月。けがが片腕だけですんだのは不幸中の幸いだったと、彼のお父さんと話した。

今回、子どもたちは外で楽しく遊んでいて、失敗した。そんななか、一緒にいた仲間たちの対応は、小学生ながら迅速で的確だった。彼らの「考える力」を尊敬する。

まず、Ｂくんが僕を呼びに来た。僕の家が公園から近く、たまたま家にいることが分かっていたからだ。同時にＳくんは、Ａくんを連れて整骨院へ。その間、自分たちの荷物がなくならないようにＹくんが公園に残った。それぞれに自分の役割を果たした。また、たまたま公園に居合わせたおばさんが、近所の整骨院を教えてくれたという。その方のアドバイスも子どもたちを助けてくれた。

外遊びには、学ぶべきことがたくさんある。

僕は今後も、サッカーを通して子どもたちの考える力を養っていきたいと思う。Ａくんの早い回復を願います。

たかが木登り、されど木登り

2016-07-30

先日、スクール生のAくんが、公園で木登りをしていて落下し、複雑骨折をした。その日の夜のスクールで子どもたちに聞いてみた。

「木から落ちないようにするには、どうしたらいい？」

誰かが答えた。

「木に登らなければいい」

たしかに。

「じゃあ、木に登っても落ちない人がいるけど、どうしてだと思う？」

……答えが出てこない。木登りの経験がない子たちなんだなと思った。子どもたちはかなり沈黙していたが、一人の子が答えた。

「手で木をきちんとつかむ！」

木登りが上手な子は、両方の手でしっかりと枝をつかみ進んでいく。万が一、足を乗せている枝が折れても、木にしがみつくことができて落ちづらい。そして、手と足でブランと枝を揺すって頑丈さを確認しながら進む。

木に登らなければいい——。リスクマネジメントからすれば、正しい判断である。しかし、避けて通ればクリアもできない。子どもたちが何でもかんでも危ないことを避けていたら、大人になって大きな失敗をしたときに自力で立ち直れるだろうか。避けてばかりより、経験して、けがや事故を防ぐ方法を考える方が大切だろう。

たかが木登り、されど木登り。遊びは常に真剣に。遊びから、多くのことを学ぶことができるから。

トラブルもどんとこい！

顔面直撃

2013-10-21

小学生スクールのゲームで、2年生の蹴ったボールが、正面に立っていた5年生の顔面に当たった。2年生はまだ身体の小さい子だったがキックの当たりは強烈で、かなり勢いの良いボールがヒットした。ヤバい。

両手で顔面をおさえて座り込んでしまった5年生。僕は心配になるが、グッと我慢。すぐに「大丈夫？」とは声をかけない。

ここからは、子どもたちの強さ、やさしさの学びの機会だ。

ボールを蹴った2年生が、かなり引きつった表情で困っている。立ちすくんでいた彼だ

ったが、うずくまる5年生の元へゆっくりと近寄っていくと、

「ごめんね」

と言った。5年生は相当痛かったらしい。まだ顔を手でおさえたまま動かず、謝罪に答えることもできない。偶然の出来事とはいえ、自分の蹴ったボールが相手に当たったことは事実だ。2年生は、勇気を出してあやまった。これはすばらしい。

僕は二人に寄っていくと、うずくまる5年生に声をかける。

「自分で立てるかい？」

反応はない。2年生はその光景を心配そうに見ている。さらに僕が、

「痛いよな？」

と聞くと、5年生は顔を両手でおさえたままうなずいた。もう一度聞く。

「自分で立てるかい？」

時間はかかったが、彼は一人で立ち上がった。しかしまだ顔を見せない。

「鼻血出てるかい？」

そこでようやく手をどけた彼は、ボロボロと泣いていた。顔に泥がついていたが、鼻血は出ていなかった。その後は誰の手も借りることなく、僕と一緒に自力で歩いてサッカーコートの外へ出た。もう心配ない。僕は2年生に、ゲームに戻るように伝えた。

5年生は痛みで涙したが、強かった。僕はその強さを大いにほめた。

子どもは、自ら立ち上がる力を持っている。しかし大人が必要以上に関わると、その力を失ってしまう。

今日の5年生は、本当に強くてたくましかった。そして、痛がっている彼に自分からあやまり、思いやる2年生もすばらしかった。

子どもたち自身の力で仲良しになれた。

スクール後の二人の笑顔がその証だ。

年中さん、仲直りする

2013-10-23

先日、幼児のスクールで二人の子どもがけんかをしていた。

最初に一人がボールで遊んでいた。そこにもう一人がやってきて、そのボールを取り上げようとした。模様の違うボールだったからだ。1個のボールを取り合っているうちに、小競《こぜ》り合いからけんかになった。

僕は一部始終を見ていたが、声をかけなかった。僕なりの意図があってのことだ。

二人は年中さん。取っ組み合いをしていたが、何かの拍子にけんかは終わった。かわいいもんだ。そのあと僕は、けんかについて一人ずつと話をした。

「ほかの子が使っているボールを突然取り上げようとしたこと、どう思う？」

ボールを取り上げようとした子に聞いた。彼はしばらく考えていたが、

「それはよくない。今度からはしない」

と反省。幼いながら自分で考えた、すばらしい答えだった。二人は握手して仲直りすることができた。

僕は、サッカー指導中に子どもたちがけんかをしたからといって、すぐに駆けつけるこ

とはしない。行くときは、けがをしそうで危ないときだけだ。

今回もそうだが、大人の僕が関わらずとも、子どもたちの力だけで解決できることは良いことだ。コミュニケーション能力の向上にもつながる。

解決できないときは、少し手助けをしてあげる。ただし、解決するのは子どもたち自身。僕はあくまでサポート役だ。


僕は思う。幼いうちに、五感を大いに使って遊べ、学べ！　けんかから学ぶこともある。だからこそ、僕がスクールでのけんかを静観することもあることを理解していただきたい。ただし、子どもたちには必ず仲直りをさせる。これが大切。仲直りするまでは、スクールを中断してでも時間を費やす。けんかは当事者だけでなく、その場にいる子どもたちがどう関わるかも大事な学びなのだから。

仲良くしたり、けんかをしたり、子どもは子ども同士の遊びから多くのことを学びます。そのときを大切に見守ってあげたい。ときには「鈍感な大人」を演出することも大切なのです。

けんかができるっていいな

2014-05-31

スクール中に大げんかがあった。

いつもなら、周りにいる子たちが「やめろ」と止めに入る。しかし今回は、周りが止める雰囲気はない。

けんかをしていたのは、4年生のYくんとKくん。二人ともかなり気が強い子だ。大声で相手をののしり、威圧しながら取っ組み合っている。その状況に、周りの子たちも止めに入ることができなかったようだ。

しばらく僕は離れた場所から見ていたが、二人のけんかはさらにヒートアップしていったので止めに行った。二人をサッカーコートからつまみ出して、同じ場所に二人一緒に座らせた。

「ここに座ってろ」

とひとことだけ伝え、またスクールに戻った。戻りかけたとき、僕の後ろから「お前がいけないいんだよ!」「むかつくんだよ!」という声が聞こえた。

二人を置き去りにしてスクールを続け、その後みんなでグラウンド整備をした。その間、二人は3メートルほど離れてお互いそっぽをむいて座っていた。それを見た僕は、また二人をぴったりと寄り添うように座らせた。

スクールがすべて終わったところで全員を集合させた。けんかをした二人も呼び、なぜケンカになったのか、みんなの前で説明させた。

Yくんは、ゲームに負けていてあせったようで、

「急いで！　とボールを渡したら、Kの顔に当たった」

と言った。一方のKくんは、

「Yがオレの顔にボールをぶつけたから、そのボールをYの顔に投げつけた」

その後は、ボールを投げつけた、相手の胸ぐらをつかんだ、蹴り上げた――と続く。お互い、相手が悪いと思っている。

僕は二人に状況を説明させた後、座っていたスクール生に聞いた。

「二人の話を聞いてどう思う？」

1年生のTくんは「(暴力は) よくなーい」と言う。6年生のYくんは「両方悪い」。大勢の子どもたちがコメントしたが、どちらか一方が悪いという発言はなかった。

「じゃあ、これからどうするよ？」

と聞く。するとあちこちから、「あやまる」「仲直りする」と声が出た。ケンカした二人

は仲間たちの言葉を聞き、その場でお互い相手にあやまり、仲直りをした。

けんかはいつもそんなもの。きっかけはあれど、相手が悪いと思っているからけんかになる。しかし少し頭を冷やせば、お互いに悪いということに気がつく。見ていた仲間が、その気づきのサポートをすることができた。


話し合いの後、けんかをした二人は両方泣いていた。二人とも何かを感じ、学んだと思う。それを見ていた周りの子たちも、また何かを感じ、学んだはずだ。

けんかをすすめるわけではないが、けんかにも気づきがある。どこまでやっていいか、何が危ないのか。アニメやゲームの世界と違って、自分の拳《こぶし》で相手を殴れば、相手も痛いが自分も痛い。その痛みを味わう経験も貴重だ。

後日スクールで、二人が仲良くボールを蹴っている姿を見た。僕は「けんかができるっていいな！」とも思っている。

二人の今後に期待している。

いかなるときも前を向いて！　たとえやぶの中でも！

2016-07-06

先週末の6年生リーグ戦会場。僕は思わず「あぁー」と、ためいきをついた。二度も。試合前のウォーミングアップ中、子どもたちがシュートを打っていた。すると一人の子がシュートしたボールは、ゴールを越え、サッカーコートのフェンスをも大きく越えて、コート外へ飛んでいった。それはそれは見事なシュートミス。フェンスの外は、草木が生い茂る深いやぶ。僕の見ていたところからは、ボールの所在はさっぱり分からない。するると今度は試合中、別の子が打ったシュートが、またもやフェンスを越え、やぶの中へ飛んでいくではないか！　あのやぶの中でボールを探すのは大変だ……。

試合が終わった。真っ先に、子どもたちにボールを探しに行かせた。あえて時間を空けて僕も行ってみると、子どもたちはやぶを見ているだけだ。なかにはやぶの中にいる子もいるが、歩きやすい小道を行ったり来たりしているだけ。

しばらく彼らのようすを見ていたが、変わらず群れになってあーでもない、こーでもない、と言っている。嫌なことはやらずにすめばラッキー！　と思っているのはお見通しだ。

というわけで、サッカーソックスを膝上まで上げて各自やぶの中に入るようにと、指示をした。数人は、足を高く上げてやぶに踏み入っていく。しかし数人は前と同じく、誰かの後ろについていて、歩きやすくなったところを行き来するだけ。眺めているだけの子もいた。

僕もシモコーチも、やぶに入った。大人の腰くらいまである草木を踏みつけなければ、歩くことすらできない。おまけに、子どもたちが〝バカ〟と呼んでいるチクチクした小さな草の実がソックスにくっつく。とにかく草木を踏みつけ歩き、見晴らしを良くする。するとどうだろう。子どもたちもみんなやぶに入り、同じように歩きだした。ふと見ると、かなり視界が良くなったではないか。

僕はとげにひっかかれ、虫に刺され、顔も身体も汗でびっしょり。しかし、指導者人生でこんな経験は何度もしている。とくに湘南ベルマーレ時代はグラウンドのすぐ横がやぶだったから、日常茶飯事だった。

どれだけの時間ボールを探したか分からない。子どもたちが、まずボール1個を発見。そしてついに2個目も!

やぶのあちこちから大歓声が上がった。大変な思いをして探したぶん、本当にうれしかっただろう。その達成感。みんなの歓声は、試合でゴールを決めたときのようだった。

あきらめるのではなく、やりとげた子どもたちをリスペクトする。これからも、難しい局面に出合ったときに、前を向いて考え、行動してほしいと願う。

困っている仲間がいるよ

2017-02-07

体育館でのスクール。始まる前に遊んでいた子どもたちが、何かを見上げていた。何だろうと見てみると、ボールが2個、体育館の2階の手すりに引っかかっていた。

しばらくして、2年生のIくんとYくんが僕のところにやってきた。

「コーチ、ボールが上に乗っちゃった」

僕は「そうなんだね」と答えただけ。ボールの持ち主である二人は困っていた。

子どもたちに問題が起きても、僕はすぐには助けない。

そのうちにスクールが始まった。二人は何もなかったかのように参加したが、やはり自分のボールがないので困りだした。ボールを見上げて、あーでもない、こーでもないと話している。壁についていたネットを揺すりボールを落とそうとしたが、ボールは落ちない。

かなりの時間が経過した。スクールも半分くらいが過ぎたころ、ちょうど休憩でほかの子どもたちが水を飲んでいた。そこで僕は言った。

「IとYが困っているみたいだよ」

すると数人が集まってきて、何だかんだと話し始めた。2年生のSくんがひとこと、

「コーチに取ってもらえばいいじゃん！　お願いすればいいんだよ」

しかしＩくんとＹくんは、どのコーチのところにもやってこない。僕はその後も彼らの行動を見ていたが、ついに助け舟を出すことにした。

二人に話しかけた。

「Ｓくんの話、聞いた？」

すると、Ｉくんが言った。

「コーチにお願いすればいいのは、分かってる。でも、自分たちのせいでボールを乗せちゃったから、自分たちの責任。だから自分たちで取ろうと思う」

驚いた。もっと簡単に「ボールを取って」とお願いするかと思っていた。しかしどう見ても、彼らの力だけではボールを取れない場所だ。さらに二人に言った。

「君たちはここへ何をしに来たの？」

「……サッカー」

彼らは考えた。そして僕に言った。

「コーチ、ボールを取ってください！」

最終的に僕がボールを取り、二人はスクールに参加した。子どもなりに、自分でやったことの責任を取ろうとした二人。一連の行動に感心した。子どもの考える力は偉大だ。

やってみよう、やらせてみよう

2014-10-11

1年生の勇気

小学生スクールで、子どもたちのすばらしいコミュニケーションを見た。

僕がスクールを始める準備をしていると、スクール生たちが徐々に集まってくる。この日もいつものように、子どもたちは自分たちでミニゲームを始めていた。

そこへ、1年生のYくんがやってきた。荷物を置き、ミニゲームの方をチラチラ見る。少しずつ上級生のところへ寄っていく。

すると一人の上級生が、「Yが来たよー」と叫んだ。いや、Yくんにとっては〝叫んでくれた〟という心境だっただろう。上級生たちはYくんの入るチームを決め、彼はミニゲームに参加した。

僕はその光景を遠巻きに見て、「お前ら、やるな!」とうれしくなった。「Y、すごいぞ!」と心の中で叫んでもいた。

かつて僕は、一人でいるYくんを気遣って、上級生たちにも声をかけることがあった。しかしこの日は違った。Yくんは僕に頼ることなく、初めて自分で行動した。自分からミニゲームの方へ行き、一緒に参加するなんて!

小学生のサッカースクールに1年生が来ると、彼らはたいていモジモジする。そりゃそうだ。つい最近まで幼稚園児だったのだから。自分から上級生たちの輪の中に入っていくことは難しい。だから僕は、助けすぎないようにサポートする。僕自身が助けるのではなく、上級生たちや仲間たちが彼らを助けるよう促すだけにして。

今日Yくんがやってきたとき、僕が行かなくて良かった。上級生が僕の代わりになって、自然な思いやりを見せていた。

自ら上級生たちの輪の中に入っていった、Yくん。ちっちゃな一コマかもしれないが、小学1年生には大きな出来事だ。Yくんは大きな自信を手にしただろう。

子どもたちの世界

2014-10-26

体験参加の小学1年生、Kくんが来た。もちろん初対面で、初参加。スクール会場のエリアに住んでおらず、通う小学校もエリア違い。知り合いなど一人もいない。ある意味、完全アウェーの状況だ。

いつもの子どもたちはいつものごとく、スクール開始30分前くらいから集まり始め、好き勝手にミニゲームに夢中になっていた。

僕は集まっていた全員を呼び、Kくんの話をした。よその小学校に通っているから、Kくんはここでは誰も知らない。そして、まだ1年生なのだと伝えた。

すると、上級生たちがKくんを連れてミニゲームコートの方へ行った。肩を抱きながら名前を聞いたり、彼らのミニゲームルールを教えたり。あっという間に、Kくんも入ってミニゲームが始まった。かなり盛り上がっていた。

初めてやってきた1年生が、楽しそうにボールを追いかけている姿がすがすがしい。周りの子どもたちの力だ。

スクールの子どもたちには、常々こう言っている。

上級生は、下級生の面倒をみること。

下級生は、いつも上級生についていくように。分からないことがあったら上級生に聞きなさい。

僕は、子どもたちの世界を大事にしている。大人がいない世界で、子どもたちだけで物事を進められるように。子どもたちがその力を身につければ、将来、社会に出るときに必ず役に立つ。

下級生がいつの日か上級生になったとき、自然に年下の子たちの面倒をみることができるようになったら、それは本当にうれしいことなのだ。

今回はＫくんの楽しそうな姿に、上級生たちをほめることにしよう。人として大切なことを学んでくれた気がする。

みんなの笑顔にうれしくなった一コマだった。

テント張り

2015-04-24

先日、小学5年生を連れて試合に行った。芝サッカーコート6面に、数十チームが集まっていた。残念ながら雨模様だったが、緑の芝生はいつ見ても好きな景色だ。

会場では、多くの大人たちが試合の準備をしていた。チーム関係者や保護者たちがテントを張り、シートを敷き、子どもたちの居場所づくり。そんななか僕たちは、子どもたちが集合するのを待っていた。

その後、子どもたちと一緒に荷物車に行く。彼らは試合に必要なユニフォームバッグ、テントなどを自分たちで運ぶ。拠点になる空きスペースを見つけて、自分の荷物も移動。

「試合以外の時間はここですごすから、テントを張って場所づくりをしよう」

子どもたちに言った。子どもたちは初めての公式戦で、初めての環境づくり。

「コーチ、どうやってテントを張るんですか？」

何人かが言った。僕が「みんなで考えてみな！」と言うと、子どもたちはテントの説明書をひっぱり出し、みんなであれこれ言いながらテントを張り始めた。

時間はかかる。しかし黙々と進め、きちんと骨組みの足の部分を金具でとめようとしている。金具がなかなか土の中に入っていかず、困っていた。すかさず何人かが言う。

「石で叩こうよ！　石を探そうぜ！」

気づけば彼らは、大人の背丈くらいあるテントを自分たちで張り、骨組みを金具で地面に固定し、ブルーシートで基地を完成させた。

子どもたちが骨組みを固定する金具の余りを持って、僕のところにやってきた。なぜ使わないのかと聞くと、

「今日は風がないから4本でテントをとめました。それで十分です」

と答えた。何とも頼もしい姿だ。


僕は思う。試合をしたければ、子どもたち自身が準備をすればいい。自分たちが試合をするために必要なことなのだから。子どもを信頼し、任せれば、彼らなりに責任を持つ。とくにサッカーのようなチームスポーツは、仲間と一緒に課題を解決していける。

子どもは大人が思っている以上に賢く、能力を持っている。問題が起きても、解決する力がある。自分たちで考え、決断し、行動する力は、社会に出たら絶対的に必要な力になる。大人はもっともっと子どもを信じて、自立のために責任を持たせたらいいのだ。

もうスクール生たちは、今後の試合先でも居場所を自分たちでつくることができる。

また、成長を見ることができた。

スクール生・ルワンダ紀行を話す

2015-01-17

昨日のスクール終了後、アフリカ・ルワンダから長野に戻ったスクール生のKくんに、現地での話をしてもらった。

Kくんは、ルワンダの子どもたちとサッカーをしたらしい。そのグラウンドは、日本のようなきれいな場所ではなかった。実際のグラウンド写真を見せてくれた。グラウンドはボコボコだったが、みんなサッカーを楽しんでいた。

使っているボールは、バナナの皮でつくられていた。Kくんはそのボールをルワンダから持ち帰り、みんなに見せてくれた。衝撃だ。

スクール生から、質問があがる。

「ルワンダの家は、どんな家？」

ルワンダでは、自分たちで家をつくる。骨組みし、そこに泥で壁をつくっていく。

「小学校に文房具はある？」

ルワンダの小学校にも文房具があって勉強している。その他にも、地雷の話、地雷の被害にあった方々を助ける義手や義足の話――などなど。

スクール生たちはみんな、真剣にルワンダの話を聞いていた。教科書やテレビの話ではなく、スクール仲間の実体験だから、本当に興味深かったのだ。

こんな経験をしたKくんの成長が楽しみでならない。まだ話したいことがたくさんあるだろう。機会をみて、僕ももっと聞きたいと思う。

12歳にしてルワンダに行ったKくんは、すばらしい経験をしてきた。彼の話を聞くことができたスクール生にとっても、非常に貴重な時間だった。

Kくん、ありがとう。

スタメン決め

2015-04-25

先週末、5年生たちの初の公式戦でのこと。子どもたちは、試合前に自分たちでテントを張り、ブルーシートを使って拠点をつくった。

その後、僕は子どもたちを集合させると、こう伝えた。
①この日のキャプテンと副キャプテンを決めること。

②この日行われる2試合のメンバーを決めること。ただし、ある程度みんなが同じくらいの時間、出場できるようにすること。
③必ず、みんなで話し合って決めること。

僕は、湘南ベルマーレ・ジュニアユースのコーチを担当していたころから、この方法でよくやっている。もう10年以上も前からだ。

話を終えると、僕はその場から離れる。子どもたちはあーでもない、こーでもないと話し合う。時間はかかったが、キャプテンと副キャプテンが決まったようだ。

次に、メンバーを決め始めた。公式戦は今回が初めてだったが、これまでも練習試合で決めさせたことはある。

すると一人の子が、バッグからホワイトボードを取り出した。そのボードには、チームメイト一人ひとりの名前を書いたマグネットシートが用意されていた。自分たちでメンバーを決めるとき、こんなのがあれば便利だろうと考えたらしい。それをみんなで囲みながら話し合いをしていた。ホワイトボードのサッカーコート上で、誰が、どのポジションでプレーするか、名前入りマグネットシートを置いて決めていくわけだ。なかなか賢い。

これまた時間はかかったが、子どもたちだけでメンバーを決めることもできた。

伝えたいことを、言葉や態度で伝えることができなかったり、相手が言うこと、考えていることを理解できなかったり、いまは、コミュニケーション能力不足の大人が多い。

それは、子どものころの遊び方に問題があるように思う。コンピューターゲームのせいで、外遊びをしない傾向が強い。外遊びかと思えば、子どもたちが公園のベンチに座って、各々がゲーム機に向かっている姿もよく見る。当たり前だが、会話は少ない。これではコミュニケーション能力を育てることができないのだ。

今回の試合のために、メンバー決めをするスクール生。自分たちで決めるとなると、まず自分のやりたいポジションを主張する。同じポジションへの希望が多ければ、誰がそのポジションを得るのか、話し合いが必要だ。相手の意思を聞き、感じ、そして自分の意思を相手に分かるように伝えなければならない。

そして、今回は自己主張を貫き通すのか、それとも妥協するのか考える。もし自己主張の強い子が集まれば、最後は自分たちで落としどころを決めなければならない。メンバーが決まらなければ、試合はスタートできない。

彼らは話し合いの末、初の公式戦キックオフを無事に迎えることができた。

子どもたちには、社会に出て行くために、サッカーを通じてどんどんコミュニケーションの力をつけていってほしいものだ。

サッカー、最高！

2015-06-23

昨日のスクールでうれしいことがあった。
スクール前、僕はトレーニングの準備でグラウンドにマーカーを並べていた。その横で、シモコーチはミニゲーム用のゴールを準備。その後、彼は子どもたちに「ゲームしたらいいのに」とひとこと伝えて、別の準備のためにその場を離れた。

さっそく小学2年生のRくんが、「ゲームしようよ」とみんなに言った。バラバラに遊んでいた子どもたちは、その声に反応して少しずつ集まってきた。多少時間がかかりながらも、全員が集まったではないか。

Rくんは、全員一列に並ぶように言った。なかなか並ばない子がいたが、Rくんはその子に根気よくつきあい、最後は並ばせた。そしてRくんが、並んだ全員を均等に二つのチームに分け、一つのチームにビブスを着るように伝える。言われたチームの子たちはビブスを取りに行った。

Rくんの仕切りで、分かれた両チームは整列し、あいさつ。ミニゲームがスタートした。
僕とシモコーチは、その一部始終を黙って遠巻きに見ていた。

今日のRくんの仕切りはすばらしかった。上級生たちもいるなかで、みんなをまとめたのは見事だった。

Rくんがチーム決めをしているとき、「なんでお前が決めるんだよ」と言う子もいた。しかし、みんなは考えただろう。彼の仕切りがなければゲームは始まらない。みんながRくんの行動を尊重し、結果的には一つにまとまってゲームが始まった。

昨日のスクールでは、トレーニングはせず、スクール前に始まった彼らのミニゲームを続けさせた。途中から僕とシモコーチも参戦し、大いに楽しんだ。

僕がトレーニング用にセッティングしたマーカーなどは使われることなく、スクール中グラウンドにポツリと置かれていた。しかし、僕のトレーニングよりもっとすばらしいサッカースクールだった。子どもたちが自分たちでつくりあげたミニゲーム。これがサッカーの原点、「ストリートサッカー」だ。

子どもたちがサッカーを楽しむようすは、とてもすてきだった。

子どもの成長、最高！

彼らの笑顔、最高！

サッカー、最高！

「自由」にサッカーを楽しむ

2015-09-17

毎週水曜日のサッカースクール前、小学2年生たちを中心にミニゲームをやっている。そのミニゲームを、僕はストリートサッカーと呼ぶ。

ドイツにいたころ、さすがに南米ほど路上でサッカーをする光景は少なかったが、公園や空き地で、子どもから大人までがサッカーをしていた。路上でなくても、そうしてみんなが自由にサッカーを楽しむことが、ドイツではストリートサッカーと呼ばれていた。

僕のスクール生たちがやっているミニゲームは、ドイツのストリートサッカーと形式が同じだ。レフェリーはいない。プレーヤーが自分たちでルールを決める。子どもたち独自のルールがあるのもおもしろい。

サッカートレーニングは、とかく指導者ありきで組み立てられる。メニューやポイントなどを指導者が考え、子どもたちに指示し、落としこんでいく。

でもストリートサッカーには指導者がいないから、子どもたちは「自由」だ。ということは、コートやルール、チームを決める権利が子どもたち自身にある。みんなで議論しながら決める作業が必要で、みんなで決断をする。その結果、責任が生まれる。ストリートサッカー＝自由＝権利＝判断＝決断＝責任。僕はこれが、子どもたちが育つ過程でとても大事だと思っている。

僕もドイツ時代は、本当にいろんな所でストリートサッカーを楽しんだ。空き地や公園だから、その辺に落ちている木の枝や、水筒やペットボトル、バッグなんかをゴールポストのかわりにする。どこからか持ってきたスキーストックをさしたこともあった。

僕が仲間とストリートサッカーをしていると、通りかかった見知らぬ人が「一緒にプレーさせてほしい」と言ってくる。逆に自分たちも、知らない人の輪に入れてほしいと言えば、入れてくれる。サッカーボールが1個あれば、誰でも一緒に楽しめる。さまざまな人種、国籍の人たちが一緒にプレーする。そこには笑顔があった。

スクール前に、子どもたちが勝手に集まり、ストリートサッカーをやる。自由な発想で遊び、笑い、いろんなアイデアが生まれる。毎回進化もする。

大人はとかく枠組みをつくりたがる。しかし、子どもたちの発想は無限だ。その発想を大切にしていかなければならない。

今後も彼らのストリートサッカーを楽しんで見ていきたい。

準備

2016-09-17

先日のスクールでの一コマ。

3人が、コート横の防御ネットを引く。ネットの高さは子どもの身長の数倍。横の長さは、数十メートル。重りもついているので、大人が引いてもけっこう大変。それを子どもたちだけで引き終えた。

次は、数人の子どもたちがゴールへ向かう。ちっちゃい子も大きな子も一緒に、みんなで協力してゴールを運ぶ。

すると、別の場所でボールを蹴っていたほかの子たちがそれを見て集まってきて、自然と手伝い始めた。最初に運んでいた子たちが助けを求めたわけではない。僕たち大人も、何も指示していない。子どもたちが声をかけ合って、勝手に始めたことだ。協力者はどんどん増えた。

コーチがすべての準備をすれば、もっと早く終わるかもしれない。しかし子どもたちのこんな行動を見ていたら、うれしくもなる。

確実に成長している姿だった。

トイレ掃除が終わったら！

2016-09-29

スクール前に、小学3年生のRくんが僕のところにやってきて言った。

「コーチ、トイレ掃除終わったよ！」

数か月前、サッカースクールで新しいユニフォームを製作した。Rくんはご両親の前でユニフォームをほしがった。するとご両親は、彼に言った。

「じゃあ、2か月毎日トイレ掃除をしたらね」

子どもがほしいというものを何でも買い与えず、子どもがお手伝いに挑戦するというのは良いことだと思った。僕はRくんに言った。

「いいね〜、トイレ掃除が楽しみだね！」


あれから2か月がたった。Rくんは見事にご両親との約束を果たした。ほしいユニフォームのために、2か月間トイレ掃除を毎日続けたというではないか！

「よくがんばったね！」

Rくんの行動を、ほめたたえた。

「継続は力なり」というが、毎日継続して何かをするというのは、簡単なようで大人でも難しい。ダイエットでも2か月はなかなか長い。ジョギングを始めても、三日坊主なんてよくあることだ。

サッカー技術のレベルアップには、日々の練習をコツコツ継続することが必要。学校の勉強も同じだろう。2か月間やり続けるには、子どもながらに精神的な強さもいる。まして家のお手伝いとなれば、やりたいことでもない限りかなり大変だ。2か月間トイレ掃除を続けたRくんを尊敬する。

別れ際に、お父さんが言った。

「トイレ掃除は、Rから言いだしたんですよ」

Rくん自ら、お手伝いをすると公言したとは！ 実際に2か月間がんばった。ご両親も見守り続けた。

スクール終了後、念願のユニフォームを手にしたRくんは、本当にうれしそうな笑顔を見せてくれた。

セルフジャッジ

2016-10-27

先日、子どもたちにセルフジャッジをさせた。指導者仲間であるSさんのチームとの練習試合。対外試合だ。

試合前、Sさんにセルフジャッジでやりたいと伝えると、快諾《かいだく》いただいた。両チームがピッチの真ん中に整列し、あいさつ。そこで両チームの選手たちに言った。

「今日の試合は、子どもたちのセルフジャッジで行なってください。コーチたちは、ピッチ外にいます」

子どもたちは、キョトンとして僕を見つめた。セルフジャッジとはプレーする選手自身がレフェリーの役をこなすことだと伝え、僕はピッチの外に出た。そして、ピッチの外からキックオフの笛を吹いた。

サッカー界において、レフェリーの役割は重要だ。

レフェリーは、ルールに沿ってゲームをコントロールしていく。しかしレフェリーは、とかく批判にさらされる。どっちのチームも勝ちたいがために、自分たちに不利なジャッジがあると、選手も監督もスタッフも、良く思わない。それがエスカレートして、レフェリーに抗議する人もいる。試合がひどく荒れた場合は、選手の退場、監督の退席処分につながる。

サポーターも、レフェリーへのヤジがすごいときがある。残念ながらプロの試合だけでなく、子どもたちの試合現場でもある話。保護者がレフェリー批判やヤジをバンバンしているケースもある。


試合中、ボールがラインを割ってピッチから出ると、子どもたちが自らジャッジした。ボールを出した選手が自己申告することもあれば、相手選手からの申告もある。子どもたち同士の意見が違うこともあったが、もめるようなことは一度もなかった。子どもたちの誠実さがあらわれていた。相手に対してリスペクトする気持ちもあった。小学生であっても、子どもたちが相手を尊重しつつ自分たちでジャッジできれば、何の問題もなくスムーズにゲームは進む。コーチ、大人に頼ることなく、ゲームができた。

最初に「セルフジャッジ」と聞いて不審な顔をしていた子どもたち。しかし自分たちでジャッジができたこともあってか、お互い良い笑顔になっていた。

親元離れて、スクールキャンプだ！

2015-05-15

全員、完食！

先週末のドイツサッカースクール白馬キャンプ。食事の時間がおもしろかった。

今回は2年生から5年生までが参加。僕は、食事を始める前に「好き嫌いがある人」と聞いた。すると半数以上の子どもたちが手を挙げた。

「好き嫌いがあるのは普通のこと。じゃあ今回のキャンプで自分の嫌いなものを、少し食べてみよう」

僕は言った。子どもたちは嫌いな食べ物を前にして、しかめっ面をしている。僕はみんなに聞いてみた。

「いつ、嫌いなものを食べたらいいと思う？」

すると子どもたちは答えた。

「最初！」

「おなかがいっぱいになったら、嫌いなものは食べられない」

自分たちなりに理解している。おなかいっぱいになった後で嫌いなものを食べようとしても、元々嫌いだから食べる気にならない。おなかが空いているときなら、なんとか食べられる。

子どもたちは、自分たちの嫌いなものを少しずつ口に入れた。渋々と。周りに仲間がいて、みんながトライするとなると、自分だけやらないわけにはいかない。

上級生たちには、「おかずは完食するように！」と伝えた。彼らも嫌いな食べ物があると手を挙げていたし、表情からも苦戦しているのが分かった。しかし全員、完食した。

嫌いなものにもトライした下級生と、完食した上級生。どちらも立派だった。こういうところが自宅とは違う。共同生活では仲間に負けたくないという気持ちも生まれるし、子どもながらにプライドも見せる。

子どもたちにとっては、一つの自慢、自信になったと思う。

大きな風呂に行く

2015-06-14

高学年とのサッカー合宿。夜の宿泊所、さて、風呂の時間だ！

僕は大浴場に行き、驚いた。ビショビショに身体を濡《ぬ》らした子どもたちが、そのまま脱衣所にあがろうとしている。身体を拭いてからあがるように伝えると、ほとんどの子どもがタオルを持たずに入浴していた。だから身体を拭きようがない。

そして、次のグループがやってきた。彼らもまた手ぶらだ。僕は聞いてみた。ビショビショのまま脱衣所にあがったらどうなるか、と。

「脱衣所の床が濡れる」

「ほかのお客さんの迷惑になる」

子どもたちは口々に答えた。ちゃんと分かっているではないか。

子どもたちと宿泊すると、グラウンドでは分からない彼らの姿に気がつく。子どもでも、マナーやモラルは大切だ。風呂の入り方一つ、良い例である。

なぜ、やってはいけないか。なぜ、やらなければいけないのか。

その理由は必ずある。それは大人が教えなければならない。社会に出て自立していくために必要なのは、家庭、学校、地域のしつけ。とても大切なことだ。

抜き打ち点検

2016-05-15

スクールキャンプはコーチにとって、子どもたちがメキメキと成長するのが分かる楽しい時間だ！

キャンプ中、コーチは抜き打ち点検をする（笑）。僕たちが、予告なく子どもたちの部屋をまわる。部屋の入口で靴がとっちらかっている、部屋の荷物が整理整頓されていない、こんな光景は普通にある。目にした瞬間、子どもたちに指導する。

就寝前。ある部屋へ僕が入っていくと、布団が3枚敷いてあった。部屋には子どもたちが4人。

「あれ？　4人部屋でしょ？」

と聞いてみる。すると子どもたちは、

「そうです！」

と普通に答える。変に気をまわして、誰かに意地悪してるのか？　とも思った。

「布団が1つ足りないじゃん」

すると子どもたちは、

「だいじょうぶです」

自慢げに、賢いでしょう！　とでも言いたげだ。なんでも、3枚の布団で4人仲良く並んで寝るそうだ。狭そうだなと思ったが、まだ小さいから大丈夫とのこと。親元を離れて、子どもだけの楽しい時間をよりワクワクさせる方法を、自分たちなりに考えたのだ。

4人は寝転がると、互いにくっつきながらうれしそうに笑っていた。

子どもたちは創造性が豊か。大人の「当たり前」を覆《くつがえ》すような、思いもよらないアイデアが豊富だ。自分たちで創りだした楽しい時間。貴重な時間だ。すばらしい。

好き嫌い

2016-06-07

先週末のキャンプでの一コマ。

夕食はバイキング。子どもたちはお盆の上にお皿を乗せて料理を取っていく。

小学3年生のTくんがやってきて、僕に言った。

「コーチ、見て！　オレ、いつもコーチに言われているように全部取ったよ！」

僕は、好き嫌いなく全料理を食べるようにと子どもたちに口すっぱく言っている。彼のお皿を見ると、少しずつではあるが、確かに全部の料理が盛られていた。

昨年今ごろのTくんは、ビュッフェで嫌いなものを見たら、素通り。取ろうともしなかった。お皿に盛りつけられている場合でも、しかめっ面をしたまま一切食べようとしなかった。そんなTくんは、この1年で大きく成長した。嫌いなものを自ら取り、いち早く食べていた。まだまだちっちゃな小学生だが、大したものであった。こんなシーンもキャンプならではの収穫である。

子どもの身体は日々成長する。サッカーをしていれば、いっそうエネルギーがいる。だから好き嫌いを少しずつ改善し、量も増やせるようになったらもっと良い。食事は、子どもにとって本当に大切なものですから。

親と子の勇気

2016-06-08

お泊りキャンプでいつも感じることがある。

初めて参加する子は、やはり緊張気味だ。不安もあるだろうし、自然なことだ。そして、子どもを送ってきた保護者の方も緊張気味。子どもにとっても親にとっても、非日常的な機会。「私の方が心配で……」と笑いながら僕に話しかけてくる方もいる。

子どもたちは、お泊りキャンプを通じていろんな面で成長する。

家にいると親に甘えてしまう。甘えられる環境なのだから当然だ。しかし、キャンプは親元を離れての集団生活。その環境が子どもをひと回り成長させる。仲間から学ぶことはたくさんある。そして、勇気を持って子どもを送り出した保護者も、子どもと離れていつもと違う自分を経験する。

お迎えに来た保護者と子どもたちとの笑顔の再会は、良い瞬間だ。

子どもは将来、自分の力で社会を生きていかなくてはならない。そのためには保護者も、自立をサポートすることが必要だ。親が子どもから離れる勇気は、子どもを大きく育てる。

僕のスクールは、そんな親子の勇気を受け入れる。そして子どもたちが成長する喜びを感じながら、常に見守っていく。

面倒をみるというやさしさ

2016-10-20

昨日、スクールに小学2年生のAくんが体験参加にやってきた。Aくんは初対面の私にあいさつができた。名前もきちんと伝えられた。すばらしい。

Aくんにとっては初めての場所であり、初めて会うスクール生が大勢いる。アウェー感は非常に強い。スクールが通常通り始まり、スクール生たちはどうするかな？　と見ていると、3年生たちが4人、Aくんと一緒に行動していた。今やっていることのルールを説明してあげたり、Aくんにあわせて一緒に走ったりもしていた。

Aくんに寄り添っていた3年生たちは、宿泊キャンプの常連組。ちっちゃな時から親元を離れて参加していた。低学年のうちは、ホームシックになったこともある。自然なことだ。キャンプでは、そんな彼らを高学年の子たちが面倒みていた。

たとえば夜、寝るときに部屋の電気を消すと怖いと言いだすチビちゃんがいると、同じ部屋の高学年の子は、自分の布団においでと言って、一緒に寝ていた。食事も、お風呂も、いつも上級生たちが、下級生たちの面倒をみている。

昨日の3年生たちには感心した。年上から学んだことを、今度は自分が年下の子にしてあげる。思いやりがあっていいなと、ほほえましく見ていた。

リーダーになろうとする瞬間

2016-11-09

先週末、スクールキャンプへ行ってきた。

朝、宿泊先に子どもたちが集まってくる。

日常とは違う、仲間たちとすごす有意義な時間の始まり。もちろん緊張している子もいる。

まず、集まった子たちを前に部屋割りを伝える。毎回、事前に各部屋の部屋長を決めるのは僕の仕事にしていた。

しかし特別に今回のキャンプは、

「部屋長やってくれる人――?」

と子どもたちに聞いてみた。すると高学年である5、6年生が名乗りでた。いままでのキャンプを考えると、部屋長を指名される子は「えー!」と批判的なリアクションをすることが多かった。自ら部屋長を引き受けてくれる子が出てきたとは!

初めてキャンプに行ったとき、年下の小さな子たちの面倒をみることができない高学年の子が多かった。彼らだって小学生なのだから、自然なことでもある。また、コミュニケーションが苦手な子は、年上であっても消極的なだけに、なかなか年下の子の面倒がみられない。しかしそんな子でも、宿泊キャンプを何度も経験し、少しずつではあるが、明らかに面倒見が良くなってきている。

部屋長を志願する高学年の子たちがあらわれた。人前に出ることに抵抗感を持たなくなってきているし、年上として年下の子の面倒をみることが当然のようになっている。リーダーになる自信がついてきている。その姿に、子どもたちの成長をあらためて感じた。うれしくなる。

今後も、ステップアップをしていく子どもたちを楽しみに見ていきたいと思う。

新しい一歩、応援してるよ

2013-07-23

出会いと別れ

スクール中、飲水タイムをとっていると、一人の子が向かってきた。

「コーチ、ぼく、今度の日曜日に引っ越すことが決まった」

「どこへ？」

「東京……」

と言うと、急に泣きだした。

彼は2年前、転校生としてやってきた。サッカーが大好きな子で、いつも楽しそうにボールを蹴っていた。

「みんなと別れるの、寂しいか？」

と彼にたずねると、泣きながら言葉なくうなずく。

「新しいところへ行くのが不安か？」

うなずく彼。無理もない。まだ小学生だ。でも引っ越しはもう決まったことだ。

「サッカー好きか？」

またもやうなずく。

「じゃあ、東京へ引っ越したらサッカーができるチームを探そう。家の近所でさ。チームに入ってサッカーすれば、早く新しい友達ができるじゃん！」

彼のお母さんは、2年前に引っ越してきたとき、サッカースクールのおかげで、通う小学校でも早くたくさんの友達ができたと言っていた。

「それにさ、長野で一緒にサッカーやってた友達と、またグラウンドで会えるかもよ。サッカーは新しい友達をつくれるし、昔の友達ともつながってるぞ」

泣いていた彼は顔を上げると、僕の顔を見て「分かった」と答えた。

引っ越しという現実は変えられない。その不安と悲しみはなくならないけれど、少し軽くする方法はある。彼にとって、サッカーはその一つ。

スクール後、みんなで集合写真を撮った。彼の最高の笑顔とともに。

また一緒にサッカーやろうな！

「走らない子」の驚く変化

2013-09-19

僕は私立高校サッカー部で週3回、外部指導者をしている。この高校のサッカー部には70名近い部員がおり、チームを三つに分けて、時間や場所も別々に活動している。

昨日、たまたま全選手が同じグラウンドでトレーニングを行なった。

僕は一人の選手に目がいった。Aくんだ。今年の4月、僕がこの高校でコーチを始めたとき、彼は入学したばかりで、かなりいいかげんなプレーをしていた。走る、闘うという部分抜きにサッカーはできない。彼は当初、必死に走ることも闘うこともしない、「いまできることをやらない子」だった。

最近はAくんとは別のカテゴリーを担当しているので、今日久しぶりに彼を見た。入学してから半年たったいまの彼は、汗をダラダラ流しながら、ギラギラとした目で必死にボールを追いかけ、ボール際で相手と闘っているのである。

ところで、高校生とは格好つけたい年頃だ。サッカーで言えば、なめらかで優雅なテクニックで仲間を魅了する、そんな選手が格好いいわけだ。逆に、必死にガツガツ、ひたむきにやることが格好悪いと見られがち。しかし、Aくんの泥臭く献身的にプレーする姿を見て、僕は身体の中をすがすがしい風が通りぬけていくような感覚になった。

4月から練習を重ね、いいかげんなプレーを僕にヤジられることも多々あったが、できたときには大いにほめていた。ほめられるたび、彼はさらに努力するようになった。この半年の成長を今日あらためて感じた。

練習後、Aくんに言った。

「ずいぶん成長したな。プレーを見て、君が変わろうとしていることを感じたよ」

「ありがとうございます」

そう答えた彼の、はにかんだ笑顔は輝いていた。

僕にとっては、教え子の変化、成長は「うれしい」のひとことに尽きる。Aくん自身が変わろうと志したことが、何よりもうれしかった。たくましくなってきた。

僕も、成長していく選手たちに笑顔をもらっている。

ありがとう。

幼稚園児と体験会

2014-02-25

来月、長野市の篠ノ井《しののい》学園俊英《しゅんえい》幼稚園でサッカースクール体験会を行なう。対象はもちろん幼稚園児である。

園児が初めてスクールにやってくるときは実に興味深い。小学生と違って、サッカーをやるために来たという意識を持てる子は少ない。だからこそおもしろいのだ。

初対面でやんちゃぶりを発揮する子。ただ遠巻きに見ている子。ママの足にしがみついて泣きじゃくる子。サッカーではなく、まったく別の遊びを始める子。普通にサッカーグループの中で遊べる子が珍しいほどである。

昨年のいまごろ、同学園系列の南長野幼稚園で同様の体験会を行なった。そのとき、ママの後ろに隠れて大泣きしている子がいた。Rくん。

僕が寄っていくと、彼はさらに号泣。ママさんに、無理せずお子さんと一緒にいることをすすめた。Rくんは体験会中ずっと、ママと一緒にいた。最後まで参加することはできなかった。しかし、残念なことではない。

体験会終了後、僕はRくんのママに伝えた。参加できなかったのは自然なことで、子どもは時間とともに少しずつ場の雰囲気に慣れてくること。ただし個人差があるので、1か月か数か月か1年か、どれくらいかかるかは分からないことも。そしてRくんが最後まで見学できたことをほめた。それはすばらしいことなのだから。

新年度に向けて、Rくんはサッカースクールに入会した。最初のうちは、いつもママの元から離れなかった。1か月後、参加はしないがママから離れて、ほかの子どもたちの周りにいるようになった。3か月後、チーム分け用のビブスを初めて着た。数か月後、一緒に参加するようになった。そして1年たったいま、ほかの子たちと同じようにサッカーをするようになった。

サッカースクールとは別に、南長野幼稚園のクラスを教える機会があった。そのときのRくんは、経験者としてクラスの友達のなかで先輩風を吹かせるくらいに成長していた。この1年のRくんの成長を、僕はとてもうれしく思っている。

また年度が変わる季節がやってきた。新しい子たちがスクールにやってくる。泣く子もいれば、ママから離れられない子もいるだろう。しかし子どもは必ず成長する。少しずつ自立する。サッカーを通じて、幼児が児童へと成長していく姿を見守ることができるのは、本当に楽しみだ。

祝・大学卒業

2014-03-17

先日、かつての教え子から電話があった。彼はこの春大学を卒業し、社会人になる。その報告だった。

彼は、中学・高校時代に僕が指導するチームに所属していた。高校3年生のときには、僕が進路の相談相手にもなっていた。当時のチームメイトの多くは大学進学を考えており、彼も同じく、大学でサッカーをやりたい気持ちがあった。しかし母親との二人暮らしで、家庭の事情もあり、進路を迷っていた。

僕は、学費免除のサッカー特待生として彼を獲得してくれそうな大学を探した。プロ選手になる可能性が高い選手であればオファーはたくさんあるが、そんな選手はごく限られている。幸運にも興味を持ってくれた大学が1校あった。それを彼に伝えると、彼はうれしそうな半面、難しい表情をしていた。

その後も僕らは、大学進学が可能になる手段をよく話し合った。

当時、僕が彼に伝えたこと。学費はありがたいことに大学側が免除してくれるが、生活費を捻出《ねんしゅつ》しなければならない。家賃の安い住居に住み、アルバイトをして生活費を稼ぐ。受けられるかは分からないが、奨学金の準備もする。勉強し、毎日厳しいサッカーの練習や試合があり、そのうえアルバイト。半端な気持ちでは4年間大学を続けることは無理だろう――。

最終的に、彼は大学進学を決意した。あえて厳しい道に進むことを決めた。そして自分で奨学金を探し、申請し、給付されることも決まった。

大学進学を決意したときの、彼のりりしい表情をいまでも忘れない。

その彼が4年間の大学生活を終え、この春から就職する。

サッカーは社会人チームで続けるという。その報告も本当にうれしかった。

彼はこの4年間、勇気と責任を持って自らの人生を歩んできた。彼のような青年に出会ったことを幸せに思う。

サッカーコーチの僕にとって、プロ選手を輩出するだけが仕事ではない。さまざまな子どもたちとの出会いがある。

電話の後、彼からメールが届いた。

『西村コーチに会っていなかったら、いまはないと思います』

思わず目頭が熱くなった。

大学卒業おめでとう。これからの人生も応援してるよ！

セレクション不合格

2016-12-25

トゥラウムアカデミー・ジュニアユース体験会に参加してくれた小学6年生のBくんが、僕を訪ねてきた。Bくんは、チームに加入したいと言ってくれた。そのことを自分で直接伝えたかったのだという。

彼は、この秋にJリーグクラブのジュニアユース・セレクションを受けた。しかし、残念ながら不合格となった。合格を目指してがんばってきたのだから、その結果には相当落ちこんだのだろう。自分の進路についてかなり悩んでいた——そう親御さんも言っていた。

セレクションの後、Bくんは僕のチームの体験会に何回か参加してくれた。ほかのジュニアユースの体験会や練習会にも参加したと聞いていた。そのうえで、ここに決めてくれた。彼は、

「練習がいちばん良かった。いちばん楽しかった」

と言ってくれた。僕にとってもスタッフにとっても、非常にうれしい言葉だった。

僕はブンデスリーガのクラブとJリーグのクラブで15年間仕事をしてきた。選手獲得のためにスカウティングをし、セレクションで選手を評価し、チーム編成をしてきた。当時

は、選手の合否を判断して伝えるという立場にいたのだ。

不合格者への通達は、実に嫌な仕事であった。子どもが落ちこんでしまうのを十分承知していたし、できればやりたくない仕事だった。


Bくんに面と向かって伝えた。セレクションの不合格は、君よりも合格者の方が力があるという評価を意味する。厳しい話だが、それが現時点での現実だ、と。

先日、僕のスクールへ遊びに来てくれたリオ五輪サッカー日本代表キャプテンの遠藤航選手（浦和レッズ所属）は、小学6年生のとき横浜Fマリノス・ジュニアユースのセレクションで不合格になった経験を持つ。しかしその後、自身の努力でその評価を覆《くつがえ》し、いまに至っている。ユース時代に僕も指導したが、彼の向上心と行動はすばらしかった。覚悟と決断力があり、常に前に進んだ。その結果、いまや浦和レッズの主軸選手になるくらい高い評価を得ている。それでも彼は、まだまだ高みを目指して努力し続けている。

いまの評価を変えたければ、あがきにあがき、必死になればいい。

変えるのは、君自身。君の行動次第で、道は開ける。

オーストラリアからうれしい報告

2017-01-08

先日、教え子のTから年始のあいさつメールが来た。湘南ベルマーレのジュニアユース、ユース時代に僕が指導した。大学卒業後、オーストラリアへ単身渡り、昨季はオーストラリア2部リーグでプレーしていた。メールによると、今季も継続してプレーすることが決まったという。うれしい連絡をありがとう。

僕の元には、教え子や、知人を介して多くの相談者がやってくる。その多くはドイツについて話を聞きたい、ドイツへ行ってプレーしたい、という話。そのとき僕は、必ず質問する。

「ドイツでプレーしたい目的は？」

ほとんどの人が、サッカー選手としてプロになりたいと答える。そのような相手に、僕は伝える。

「プロになりたいなら、まずJリーガーになってから海外を考えたらいい」

海外でプロになれるサッカー選手は、Jリーグからオファーを受けるものだ。たいていJリーグからオファーのない子が、海外へ行ってプロになりたいと言う。

なかにはまれにJリーグからオファーがなくても海外でプロになった選手もいる。しかし、10年間ドイツサッカー界に携わった僕としては、ドイツへ行ったからといってプロになれる可能性は、まず低いと思っている。

Tは、湘南ベルマーレ・ユースから大学へ進学し、大学サッカーリーグでも活躍した。大学4年生の時に僕に電話をしてきて、ドイツへ行ってプロになりたいと言った。そのときも僕は、プロを目指すならまずJリーガーになれ、Jリーガーになれずにドイツへ行ってプロになれるとは思うな！　と厳しく伝えた。

彼はあちこちテストを受けたが、Jリーガーにはなれなかった。大学を卒業して半年たったころ、長野へやってきた。そして再度、海外へ行くと僕に言った。

「西村さんに言われてから、自分なりによく考えました」

海外で、日本とは違った経験をしたい。将来サッカーに関わる仕事をしたいので、語学を身につけたい。はっきりとした目的を掲げていた。

その話を聞き、僕はあらためて彼を応援した。

世界は広い。日本の常識は、世界の常識ではない。世界から見れば、日本は極東のちっぽけな島国だ。世界へ出ることは見聞を広める。すばらしい経験になる、と僕は伝えた。

今回のメールに、『英語はどうだ?』と返信してみた。
『バッチリではないです。勉強中です』
彼は高校時代、進学校へ通っていたから、
『サッカーだけじゃなく学業もきちんとやってたから、英語も基礎学力は大丈夫だろ』
と送ると、
『当時、勉強もしっかりやれと言ってくれていた西村さんに感謝です』
そう返信が来た。
彼がオーストラリアでさらに活躍できることを、心から願っている。
ぜひ一度、Tの活躍を見に現地を訪ねたいものだ。

がんばれ！　やんちゃな2年生

2017-03-21

小学2年生のスクール生Kくんが、退会することになった。今後は野球をやることに決めている。学校の友人たちがみんな野球をやっており、一緒にやりたいと言ってきた。

Kくんは、僕がドイツサッカースクールを立ち上げた初年度からいる子だ。スクールの1期生。当時幼稚園の年中だった彼は、ハンパないヤンチャ坊主で目が離せない存在だった。スクール中に他の子を小突き、押しとばし、蹴っとばしまくっていた。おまけに口が悪く、Kくんが関わるけんかは日常茶飯事。幼稚園のころは本当に手のかかる、一筋縄ではいかない子で、よくお説教をしていた。

Kくんのスクール最終日、スクール後の最後のあいさつで手紙をもらった。直筆で手づくりの手紙。一生懸命に折った跡はあるのだが、ぐしゃぐしゃ感は否めない（笑）。何とも彼らしい手紙だった。

4年前、お父さんが、Kくんをこのスクールへ連れてきた。熱狂的なサッカーファンの父を持ちながら、野球をやりたい！　と言いだしたKくんが、またおもしろい。僕は、子どもたちがいろんなスポーツを楽しむことを推奨している。だからKくんの今後の野球活動も楽しみにしている。

僕がスクールを始めたときから一緒だったKくん。伝説的なヤンチャ坊主。だからこそ僕は、そんな彼がかわいくてしょうがない。

別れ際、彼に言った。

「今度、Kの野球の試合見に行きたいね～！」

Kくんの今後の成長と活躍を陰ながら応援している。がんばれ！

❷ コーチの道は子育てにも通ず

—親と子の心がまえ—

たくましい心と身体

2013-12-17

「痛い」

小学生のスクールを見ていて、子どもたちが身体の痛みに強くなってきたなと感心した。スクールのプレー中は、ぶつかったり、転んだり、足を蹴られたりする。以前はうずくまっている子や寝転がったまま起きない子、泣く子も多かった。なかには「○○くんに蹴られた」と、コーチの僕に言いつけに来る子もいた。
しかし昨日のスクールでは、誰一人そのような子がいなかった。痛そうにしている子はいたけれど、しばらくすると、またサッカーに励んでいた。

サッカーでの痛みは二つある。

一つは、プレーできない痛み。骨折をしたり、靭帯《じんたい》を断裂したり、大けがの痛みだ。痛みどころか、医者に行って何らかの処置が必要となる。

もう一つは、少し休めばプレーできる痛み。なかには、「できる」痛みを「できない」痛みのようにふるまってしまう子もいる。その瞬間は当然痛いのだが、とにかくそれ以上に痛がってみせる。まわりの子たちが「大丈夫か」と聞いても、顔を見せずに痛がっている。

しかし、ほとぼりが冷めると、ケロッとしてプレーしている。そしてまた同じような状況になると、かなり痛がってみせる。また、周りの子たちが「大丈夫？」と気にかける。それを繰り返しているうちに、誰も寄ってこなくなる。

サッカーをするのであれば、子どもながらに「できる」痛みと「できない」痛みを学ぶべきだ。サッカーは、相手と味方が入り混じって常に接触するスポーツだ。接触したら、必ず痛みをともなう。痛いけど大丈夫なのか、今日はもうプレーできない痛みなのか。自分で即座に判断し、他人に伝えられるようになることも必要だ。

スクールの小学生たちは、多くの子が「痛いけど、大丈夫」と答え、自分の足でピッチから出て休めるようになっている。痛みがひけば、また自分の足でピッチに戻る。

僕には、このように強くたくましくなっていく子どもたちを、さらに育てていく楽しみがある。幸せなことである。

小学1年生・自立への一歩

2014-11-26

先日のスクール。

グラウンド横の駐車場に、車が停まった。まず、運転席から1年生Tくんの親御さんが降りてきた。あいさつをした後、僕はいくつか質問を受けていた。

ちょっと間をおいて車から降りてきたのが、Tくん。リュックを背負い、ネットに入ったボールを持ち、僕の前を通りながら、

「コーチ、こんにちは！」

と大きな声で、元気よくあいさつした。すばらしいあいさつで僕も気持ちが良かった。Tくんは、駆け足で荷物置き場へ行き荷物を置くと、グラウンドへタッタと一人で走って行った。

グラウンド内では、既に到着していた子どもたちがミニゲームをやっていて、Tくんは自然とその輪に入れてもらった。それを見ていて、僕はうれしくなった。

春先のTくんは幼稚園を卒園したばかりで、あいさつに来るとその場で立ち尽くし、じーっと僕の顔を見ていた。荷物置き場に荷物を置くのも、上級生たちのミニゲームに入るのも、僕が声をかけてようやくだったのだ。

しかし今回はようすが違っていた。

思わず親御さんの質問をさえぎり、Tくんの成長をすぐさま伝えた。僕がうれしかっただけでなく、その成長を親御さん自身に喜んでもらいたかったからだ。おうちでTくんをうんとほめてあげてほしかったのだ。

この半年での彼の変化は、目を見張るものがある。その象徴となる一コマだ。

僕も今後は、Tくんが到着した際あいさつやたわいもない会話はするが、彼がグループに入る手助けはしない。する必要がない。逆に僕が遠巻きに見ている方が良い。僕が指示をするのではなく、子どもたちが自ら考え、進んでいくためのサポートをしたいのだ。それがコーチとしての僕の役割だ。

見た目は春先と大きく変わりはないが、心に自信を持ち始めている1年生のTくんは、明らかにたくましくなっている。そんな子たちを見ていて楽しい。思わず笑みがこぼれる一コマだった。

マラソン大会

2014-12-11

先日、僕の子どもたちが通う小学校で、学年別のマラソン大会があった。

わが家には二人の子どもがいるのだが、性格はおもしろいほどまったく違う。

大会当日の朝。上の子はなんとなくソワソワしていた。

「どうした？」

と聞くと、しかめっ面をして答えた。

「緊張してる」

逆に下の子はというと、至っていつもどおり。普通に朝食を食べ、普通に小学校へ行く準備をしていた。

「今日、マラソン大会でしょ。緊張してないの？」

という問いにも、

「何が？」

と逆に聞き返してきた。下の子は平常心なのだ。

競技スポーツの世界では、必ずストレスがかかる。重要な試合前となればなおさらストレスは大きい。そのストレスとどのように向き合うかが大事なのだ。それによって競技でのパフォーマンスに大きな影響が出る。日々肉体的なトレーニングは欠かさないが、どのようにストレスと向き合うかも大事なトレーニングなのだ。

マラソン大会での上の子の順位は、5位。昨年3位だったので、順位を落とした。下の子は、7位。昨年5位だったので、こちらも順位を落とした。

上の子は、昨年以上の成績を出したい、出さなければと思ったことが大きなストレスになった。逆に下の子は、順位にこだわりを持つことなく、まったくストレスを感じていなかった。上の子のようにストレスが強すぎると、パフォーマンスは悪い。逆に、下の子のようにストレスがない状態でも、パフォーマンスが悪い。

ストレスというとマイナスイメージに思われるが、適度な緊張感――良い意味でのストレスで自分を追い込むことも必要なときがある。それは仕事や学校、どこでも共通なのだ。

上の子と下の子、明らかに違う性格の二人を見ていると非常に興味深い。

ゴールデンエイジ

2015-06-10

昨日のスクール終了後、僕がグラウンド整備をしていると、一人で黙々と一つの技に取り組んでいる子がいた。それを見たシモコーチが寄っていき、二人で楽しそうに技の習得を目指して遊んでいた。

この間、15分くらい。僕が整備を終えると、彼はニコニコと自慢げに、

「コーチ、オレ、技ができるようになったよ！」

と、新しくマスターした技を披露してくれた。

最近、高学年のスクール生たちがどんどん成長しているのを実感している。まさに「ゴールデンエイジ」だ。どんどんうまくなるなぁと感じる子がいたり、こんなことできるようになったのか、という子がいたり。もちろん個人差はあるけれど、みんなそれぞれうまくなっている。

試合で、より多くゴールする楽しみを味わう。相手を抜けるようになった。ドリブルで相手より速く行けた——。もっともっとできるんだと感じているはずだ。

サッカー界では、9歳から13歳を「ゴールデンエイジ」と呼ぶ。「即座の習得時期」とも

いう。この時期は、心身の発達が調和し、動作習得に最も有利な時期とされている。集中力が高まり運動学習能力が向上し、大人でも難しいような難易度の高い動作も即座に覚えることができる。サッカーに必要なあらゆるスキルの獲得に最適な時期として位置づけられており、この時期に身につけた技術は〝一生物〟になる。

いままで僕は、さまざまな年代の子どもたちの指導をしてきた。はっきり言えるのは、ゴールデンエイジの子どもたちは技術の習得スピードがとにかく早いということ。これが中高生になると、習得スピードが急激に遅くなる。トレーニングをすれば誰でも成長するが、たとえば、技術レベルがもともと高くない高校生が柔らかいボールタッチを身につけることは、いくらトレーニングしても不可能に近い。

ゴールデンエイジは、一生で1回しかやってこない。この時期にどれだけ技術を身につけられるかが重要だ。最も大事なのは、そのことを子ども自身が理解すること。大人が強制的にトレーニングをさせても、本人が理解していなければ意味がない。僕のスクールでは、子どもたちがサッカーを通して遊び、楽しみながら技術を身につけていけたらいいなと思っている。

足の速い少年・陥りやすいこと

2016-05-09

少年サッカーの試合で活躍するのは、足の速い子どもが多い。

攻撃では、相手より速く走り抜けるスピードを生かして突破できる。守備面でも、相手に早く追いつくことができる。足が速いことは武器だ。パワーがあることも、相手に競り勝てるから非常に有利になる。

しかし、子どものころにスピードとパワーだけでプレーしている子は、高校生くらいになって活躍できなくなることが多い。この年代になると、身体的な差がなくなってくるからだ。みんな一様にスピードを増し、パワーもつき、相手にプレッシャーをかけてくる。そのプレッシャーをかいくぐるには、「技術」が絶対必要になる。ボールを正確に止め、運び、蹴ることだ。

子どもたちの発育上、4月に生まれた子と、翌年3月に生まれた子では大きな差があって当然だ。幼児でみると分かりやすいが、4月生まれの子のほうが、何でもできやすい傾向がある。それでも、どちらも同じ学年で同じ扱いを受ける。

しかし、身体的な成長には個人差がある。たとえば僕は、小学生、中学生のころは背が低かった。高校に入ってから、なぜか身長がグッと伸びた。だから小・中学校の友達は、卒業以来初めて会ったりすると、僕の身長を見てびっくりする人が多かった。

逆に僕の弟は、幼稚園、小学校ではとにかく目立って大きい方だった。しかし中学時代に身長が止まった。子どもの身体は、成長のピークが早くやってくる子もいるし、遅い子もいる。

幼少期に早熟型だった子が、きちんと技術を身につけてこないケースが多々ある。スピードとパワーだけで活躍することに満足するからだ。高校生になってから自分の技術不足に気づいても、すでに遅い。

プロサッカー選手で足が速い選手は、みんな技術がある。子どものころからコツコツと技術練習をすることは本当に大切。ボールを正確に止め、運び、蹴ることを、楽しみながら地道に続けてほしいと思う。

サッカーは足が遅くても活躍できる！

2016-05-13

足の速い子は少年サッカーでは活躍しやすい、という話を書いた。スピードが速いというのは武器になる。

こんな言い方をすると、足が遅い子は活躍できないと思ってしまいがちだ。たしかに、ドリブルをしていると、足の速い相手にすぐに追いつかれ、ボールを取られてしまうケースは多い。ボールを奪われてしまうと、足の速い子にはかなわないという空気が漂う。それを覆《くつがえ》そうとスピードを上げようとしても、なかなか難しい。

そうした状況を変えるには、コツコツと練習すればいい。時間はかかっても、真剣にトレーニングをすれば、必ず技術は上がる。

サッカーにおける技術は、大きく分けて三つある。

・止める
・蹴る
・運ぶ

第一に考えたいのは、「止める」。ボールを運ぼうにも蹴ろうにも、ボールを止めなければ何も始まらない。自分に向かってくるボールを常に正確に止めることができるかどうかは、重要なポイントだ。

どんなボールが来ても、毎回同じ所に止めることができているか。同じ所とは、次のタッチでボールを蹴られる場所。1タッチ目で正確にボールを止めて、2タッチ目でボールを蹴ることができれば、足の速い相手がプレッシャーをかけてきても、逃げることができる。蹴るだけでなく、運ぶこともできる。「蹴る」「運ぶ」という二つの選択肢を持てることになる。

いつも同じ所にボールを止められる選手は、プレッシャーをかけられても余裕がある。止める技術に自信があるから、向かってくるボールだけでなく、相手の状況を見ることができる。次に蹴るべきか、運ぶべきかを判断しやすい。判断が良ければ、絶対的にミスは少なくなる。高い技術とすぐれた判断力によって大活躍できるようになる。

三つの技術のうち、「止める」技術はサッカーのベースだ。自分は足が遅くて活躍できないと思うなら、まずはボールを止める技術を高める練習をしたら良い。それだけでゲーム中のプレーが変わるだろう。

「練習できません」って、本当？

2016-09-24

6年生大会の翌日、練習で興味深いことがあった。Yくんが足を引きずりながら会場に来て、僕に言った。

「コーチ、足が痛いので今日は練習できません。見学します」

彼の両ふくらはぎには大きな湿布が貼られていた。

「昨日の試合で蹴られたのか？」

と聞いたが、そうではないらしい。いろいろ質問したが、打撲でも肉離れでもなさそうだ。ようやく僕は、その痛みの原因が筋肉痛だと分かった。

前日の大会では、午前中に予選リーグ2試合、午後に順位決定戦2試合、1日に4試合を戦った。それも僅差《きんさ》のゲームばかり。Yくんも他の選手たちも、必死に走り戦った。トータル120分ゲームをしているので、翌日に筋肉痛になるのも無理はない。

Yくんにトレーニングへ参加するよう伝えた。その瞬間、彼はしかめっ面で「無理です！」と言いたげだった。湿布をはがし、あえて身体を動かすようにと伝えると、渋々と練習に参加し始めた。ウォーミングアップでは、足が棒のようでピノキオのような動き方だったが、ひと汗かいて徐々に身体があたたまってくると、Yくんはいつものようにガンガン練習をするようになった。最後のゲームでは自ら参加を志願。この日のYくんにとって、身体にも心にも良い傾向だった。

プロ選手たちは、90分フルに戦えば足がつることも普通にある。翌日、筋肉痛で足がパンパンになるのは日常茶飯事だ。だから、翌日にリカバリー（回復）トレーニングを行う。たいてい、ゆっくりとジョギングをし、その後ストレッチなどを行なう。ボール回しをしたり、軽めの技術トレーニングを行なうのは、チーム、監督の意向による。リカバリートレーニングをした後で休息を取った方が、身体の疲れを早く元に戻すことができる。

うちのチームが1日に4試合も戦ったのは初めてだった。Yくんが初めて味わう極度の筋肉痛。練習ができないと思っても自然なことだ。しかし練習前にあれほど弱気な発言をしながら最後には思いっきり走っていたYくん。そのことを笑いながら茶化したときの、彼の照れ笑いが印象的だった。多分、明日も筋肉痛でしょう（笑）。

いろんなスポーツにチャレンジ

2016-10-31

先日、スクールの6年生と話をした。スクール生の中には、サッカー以外のスポーツもやっている子が多い。

水泳、空手、陸上、合気道、スキー、バスケットボール、テニス、トランポリンなどなど。スポーツに限らず、ピアノなどの音楽や英語を習っている子も多い。

6年生たちは、来年中学生。中学に行ったらスポーツ種目を一つにしぼり、ほかはやめるような話を聞いた。

欧米では、二つ以上のスポーツをやっている選手が多い。F1の帝王だったミハエル・シューマッハは、サッカーがうまい。テニスでウィンブルドンを制したボリス・ベッカーも同様だ。彼らはプロサッカー選手たちのチャリティーマッチに出場していたが、そのプレーは抜群にうまかった。モータースポーツやテニスだけでなく、サッカーもプレーしてきたからだ。アメリカやカナダでは、冬はアイスホッケー、夏は野球やアメリカンフットボールをやっている選手がいる。日本でも、スケート選手が自転車競技などで夏のオリンピックに出場することがある。

中学に上がるのと同時に、スポーツ種目を一つにしぼる必要はないと思う。もちろん所属するチームの方針もあるだろう。勉強も忙しくなり、時間の使い方も変わってくる。しかし、僕の元でサッカーをしている子どもたちには、いままでどおりほかのスポーツも続けてくれたらいいなと思うし、サッカーをやりながら他競技の大会にも出場できたらいいなとも思う。

可能な限り、子どもたちにはいろんなことにチャレンジし続けてほしい。いくつもの選択肢があるのは幸せなこと。可能性も広がると思います。

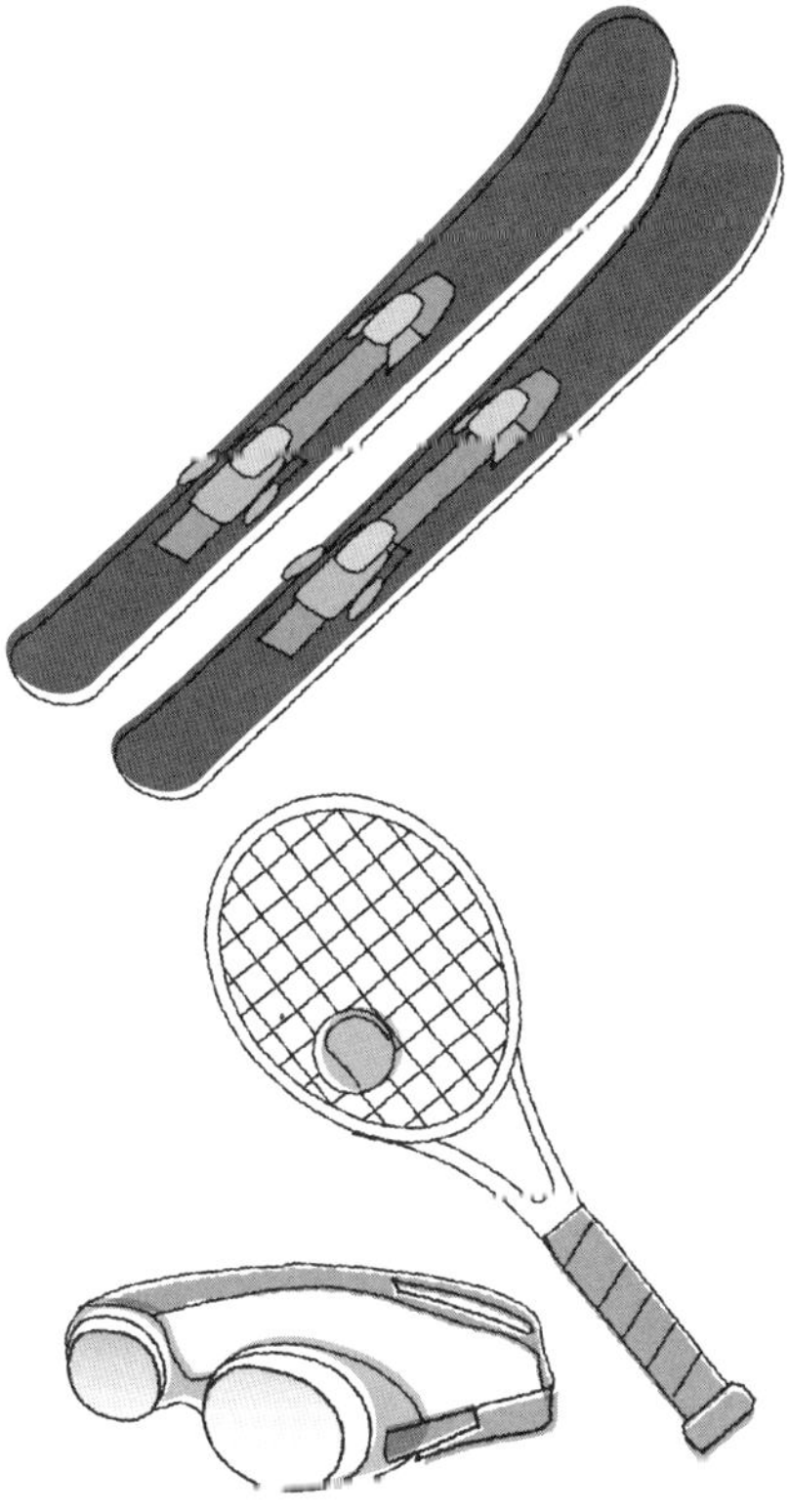

寡黙な模範生

2017-03-09

昨晩のスクール。

最後のミニゲームの前、6年生の子が「ゴール運ぼうっと！」とつぶやきながら歩き始めた。すると彼以外に3人が一緒に歩き出し、4人でフットサルゴールを運んだ。

その間に、低学年の子たちがコートの四隅にコーンを置いた。するとさっきの6年生は、一人でスタスタと一つのコーンに向かって歩いた。そのコーンを手にとると数メートル外へ歩き、コート全体を見て、コーンを置き直した。低学年の子は、いつも置いている場所より内側にコーンを置いていたようだ。

誰かが準備しなければゲームは始まらない。みんなでゲームを行なうために、黙々と準備をしていた6年生。「コーチ、僕やったよ！」と主張もしない。その場にいた子どもたちは、寡黙な彼の姿に気づいていただろうか。ぜひ見習ってほしい。

大人に言われることなく自ら行動する。誰かに「やれ」と命令もしない。年下の子たちにとって、ある意味模範となる6年生だ。小学生ながら大したもんだなと感銘を受けた。

うれしい便り

2017-03-22

スクール生のお母さんから、お便りをいただいた。

息子のAくんが小学校で仲間はずれにされた。学校から泣いて帰ってきたこともあれば、一人怒っているときもあった。話を聞けば、身体の大きな子が、周りの友達にAくんを仲間はずれにするように言い、言われた子たちもその子には何も言えなかった。Aくんは、自分を仲間はずれにした子に、仲間に入れてほしいと言い続けた。お母さんは、その後Aくんがどう解決したかは分からない。しかしいまとなっては、仲間はずれにした子がいちばんの仲良しになっているという。

僕は、子どもたちに自分で解決する力を身につけてほしいと思っている。スクールの指導でも、そのことを大事にしながら子どもたちに接している。子どもたちは将来社会へ出れば、自分の力で生きていかなければならないから。

Aくんは、涙しながらも、大人の力を借りずに苦境を乗り越えた。確実に生きる力を身につけたと思った。そんな彼を誇らしく思う。事態をじっと見守ったご両親もすばらしい。

あたたかなお便りをありがとうございました。

ならぬこと、すべきこと

ときに大説教！

2015-07-13

昨日、5年生の試合後に大説教をした。自分たちがいまやらなければならないことを考えず、行動もしないからだ。

昨日の長野は気温が30度を超え、猛暑日だった。3チームの総当たりで練習試合をした。最終試合を終え、僕たちは対戦相手とともにゴールを片づけた。残りのチームはグラウンド整備を始めた。

われわれのベンチはグラウンド中央部にあり、水筒が置かれている。グラウンド整備のじゃまになっていた。僕はうちの子どもたちに、水筒をグラウンド外に持っていくよう伝えた。

するとどうだろう。

グラウンド外に水筒を持っていった彼らは、水を飲みだした。なんと、座り込み、休憩を始めた。その瞬間にも、対戦した2チームはせっせと自分たちが使ったグラウンドを整備している。うちの子たちはその光景を見ていながら、誰も整備に行こうとしない。

僕はそのようすを見て……怒、怒、怒！　その場で即、大声で説教した。

体育館を使用したら、使用後にモップをかける。グラウンドを使えば、グラウンド整備をする。それは使用時のルールだ。そして、次に使用する人たちが心地よく活動できるようにするのは、スポーツマンとしてのマナーだ。

一緒に試合をした対戦相手の仲間たちが率先してグラウンド整備をしているのを目の当たりにしながら、自分たちは日陰に入り休憩する。許されない。

自分に甘いメンタリティーを、僕は一喝した。グラウンドを使わせてもらったことに対する感謝が必要。グラウンド整備をしている仲間に対する思いやりが必要。いま自分が何をすべきなのか、自分で考えることが必要。そして、甘えたくなる自分を抑える強い自制心が必要。

自分本位のわがままは世の中で通用しないことを、子どもたちにはきちんと学び育ってほしいと思う。サッカーから学ぶことは山はどあるのだ。

朝寝坊

2014-05-09

外部指導者をしている私立高校の遠征で、公式戦の朝、寝坊した選手がいた。ホテルの部屋に備えつけの目覚ましをセットしたが、操作ミスで鳴らず、遅刻した。

彼らは自分たちのミスを自覚し、困った顔をして謝罪した。自分の非を認め、きちんと謝罪した二人を立派だとも思う。しかし僕は、選手たちにミスがあれば、必ずその瞬間に叱る。感情的に怒っているわけではなく、ミスを忘れないようにするためだ。子どもたちに二度と同じ失敗を繰り返さないよう努力させるためにも、熱が冷めぬうちに叱る。それは自分の役目だ。

ミスをしたら本人にとってラッキーなことだと僕は思う。ミスをすることで気づきを得る。痛みを感じることで、どうしたら次はミスしないようにできるかを考える。自分なりの解決方法を見出したら、次回は行動してみる。行動の結果が良ければ、ミスをしたことで学んだことになる。それが成長だ。

サッカーに限らず、スポーツ、生活、仕事、勉強……人間誰しもミスをするものだ。そのミスから、どのように学ぶかが重要だ。今後の彼らに期待している。

「ありがとう」

2014-10-12

篠ノ井《しののい》学園俊英《しゅんえい》幼稚園のスクールで、年中のTくんが使っていたボールが、勢いよく遠くへ転がっていった。すると、たまたまその方向にいた年長のKくんが、走っていくボールを見て追いかけて行った。ボールを取ると、何も言わずにTくんに蹴って返した。

Tくんは、「ありがと」と言った。Kくんも得意げ。すばらしいコミュニケーションだ。僕は感動した。Tくんは、まだ4歳だ。そんな小さな子が何気なく、自然に「ありがとう」を言える。言われた方も、もちろん心地よい。僕はうんとほめる。

コミュニケーションはあいさつから始まる。だからこそスクールでは、あいさつを大事にしている。

「お願いします」

「ありがとうございました」

スクールの始めと終わり、そして試合の前後に、必ずあいさつをする。そして僕自身も、子どもたちに「こんにちは」「さようなら」など声をかける。

年中さんが感謝の言葉を自ら伝えられることに感動。何気ないが、すばらしい一コマなのだ。

背筋！

2015-06-15

合宿中、子どもたちの気になったところが一つ。食事中の姿勢である。

宿泊先の食事は、テーブル席で食べる。いすの背もたれに寄りかかって食べている子を見て、僕は片っ端から「背筋！」と声をかけた。

ほとんどの子は、指摘されると瞬時に姿勢を正す。しかし数人は、しばらくするとまた寄りかかる。そのたびに指摘するが、しばらくするとまた元の格好に戻る。日頃の習慣で身体に染みついているのだ。


スポーツ界では、各方面で身体の軸について語られる。軸がある選手は、身体がブレない。サッカーでも、コンタクトプレーで簡単にバランスを崩したり転倒したりしない。インナーマッスルなど、体幹トレーニングの際にはいつも、姿勢を意識して行なう。

立っているとき、座っているとき、日々のさまざまな状況、何気ない瞬間で子どもたちの姿勢が形成されていく。人の印象、マナー、健康。良い姿勢は人に良い影響を与える。

僕自身も健康のために、日々姿勢を意識するよう心がけている。姿勢を正そう！　と、子どもたちに意識させる。直接言われなければ直りませんから。

聞いていますか①

2016-05-27

最近、人の話をじっと聞けない子が多いことが気にかかる。

日々、スクールでたくさんの子どもたちに接している。各会場で、子どもたちを集合させてトレーニングのやり方などの説明をする。そのときによくある光景。
①手や足でボールをいじり、話を聞いていない
②友達と話をしていて、話を聞いていない
僕は話をしている最中、一人でも子どもが話を聞いていないと感じると、話すのをやめる。そして、聞いていないだろうと思われる子に声をかけ、「いま、何て言った？」と問う。たいてい答えることができない。当然だ。何とか答えようとして、ぜんぜん違うことを言う子もいる。その後、話を聞いていた子に同じことを問う。その子はきちんと答える。

話をしているとき、僕は必ず子どもたちの表情を見ている。すると二つのグループに分類される。
①話し手をきちんと見ている子
②話し手を見ていない子
見ていない子たちは、下を向いていることが多い。それならまだ良い。もっとすごいの

は、背中を向けるなど全然違う方向を見ている子。そのようなときにも話を止めて、「話を聞くときは、どうしたら良い？」と問う。子どもたちは、「相手の顔を見る」「相手の目を見る」など、きちんと答えることができる。

人の話を聞くこと。

子どもたちは、家庭、学校、習いごとなど、人の話を聞かなければならない機会が当然ある。社会へ出ても同様だ。そのときききちんと相手の話を聞けることは大切だ。話を聞くときの態度も重要。

先週、子どもたちに話を聞く態度について伝えて正したが、また今週も同じことが起こる。人の習慣は簡単に変わらない。だから口をすっぱくし、何度も伝えなくてはならない。

いま話を聞けない子も、いつの日か、きちんと人の話を聞けるように変わってきたらうれしい。大人が根気よくつきあえば、子どもは必ず変わる。

聞いていますか②

2016-05-29

スクールで子どもたちを見ていて感じること。人の話をきちんと聞いて、自分で考える習慣があるか、ないか。

コーチの話に最後まで耳を傾け、理解する子どもは多い。すばらしい習慣だと思う。一方で、話の最中によく質問をする子がいる。

質問をすること自体は、積極的で良いことだと思う。とくに大勢の人がいるなかで、恥ずかしがらずに質問できることはすばらしい。

しかし、話の途中で質問をする子たちのほとんどが、トンチンカンなことを聞く。当たり前だ。話はまだ終わっていないのだから。それにつきあわされる子たちは、たまったものではない。的《まと》はずれな質問のために話が中断され、待たされるからだ。僕は「質問があるときは、まず話を最後まで聞いてからするように」と子どもたちに伝える。最後まで人の話を聞き自分で考えれば、質問がいらないことも多々ある。

サッカーで活躍するには、まず人の話を最後まで聞き、いま何をするべきか自分で考えて行動しなければならない。聞く、考える習慣は大切です。社会で生きていくためにも必要なことだから。

玄関の靴を見てごらん

2016-06-15

先日のスクール。

会場に着くと、小学3年生のHくんとYくんが先に来ていた。僕らコーチと一緒に施設に入る。二人は玄関で普通に靴を脱ぎ、スタスタと中へ入っていく。

僕はふと下を見る。二人の靴は玄関できちんとそろえられていた。

僕はスクール生たちに、「靴をそろえろ！」と言い続けている。それを思うと、彼らが僕らに言われることなく靴をそろえられていることがうれしかった。子どもたちが成長しているな〜と思った。思わず二人に「偉いね〜。靴そろえてるじゃん！」と言うと、彼らはエヘヘッとはにかみながら、うれしそうに体育館へ入っていった。


その後、スクール開始が近くなると、子どもたちがどんどん集まってくる。たまたま玄関へ行くと……やはり、靴はそろえられていない。もちろん靴がそろっている子はいる。かつて玄関の靴がグチャグチャに散乱していたことを考えれば、ずいぶんそろえられてきている。しかし、子どもたち全員が靴をそろえられるようになるべきなのだ。

すかさず体育館に戻り、全員に向かって言った。

「おーい、玄関を見に行けよ！」

子どもたちはワイワイガヤガヤと走ってきた。靴をそろえていない子が、「ヤベッ！」と恥ずかしがりながらそろえた。

靴をそろえる。やはり気持ちが良い。大したことではないと思うが、毎回きちんとできているかどうか。継続できなければ意味がない。そして、大人に言われなくてもできるようになってきた子を見ると、うれしい。

子どもが靴をそろえて家に入ることを意識して行動するまでには、時間がかかる。習慣になるまで言い続けるのは大人も根気がいるが、できない子にはしつけとして言い続けなければならない。彼らが社会に出るときに必要なマナーだから。

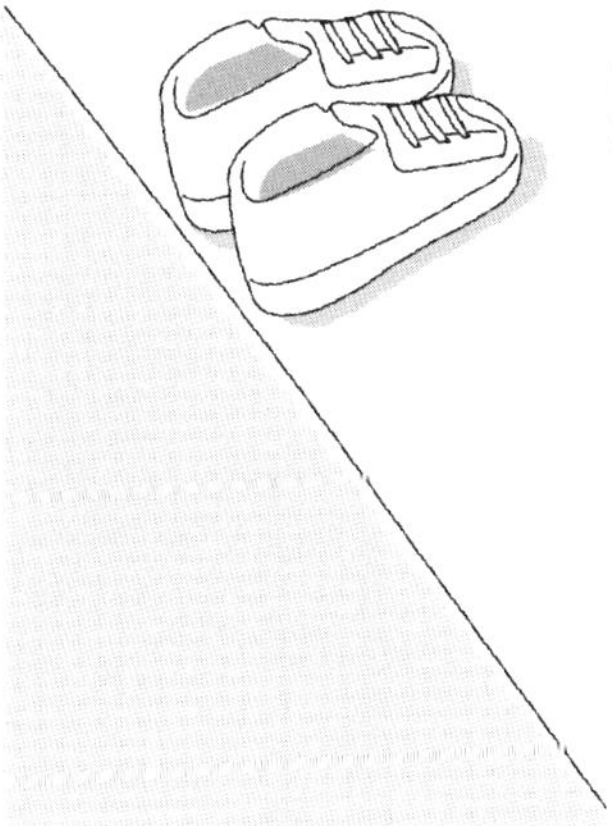

「今」じゃなく「先」を見つめて

2016-06-24

昨日、湘南ベルマーレの曺《チョウ》監督から電話があった。

僕の近況を聞かれるまま話しているうちに、育成の話になった。曺さんはいまJ1を戦うプロチームの監督だが、かつて長く育成年代の指導をしていたからだ。子どもたちの育成指導では、サッカー云々《うんぬん》の前に人間教育が最も大切だと熱く語る。

昨夏、僕が湘南ベルマーレのコーチ時代に教えた三人（ケンスケ、カイケン、ユウキ）が長野へやってきた。三人とも大学を卒業し、社会人になっていた。僕が指導したのは、彼らが中学2年生のときと高校3年生のとき。その間は曺さんが指導していた。

夜、わが家の庭でバーベキューをやり、焚き火を囲んで飲みながら話をした。すると彼らは、当時は理解できなかったが、社会に出て働きだしたらベルマーレで言われたことは本当に役に立っていると言っていた。当時指導してもらった曺さんや西村さんはかなり怖かったけど、あのころにたくさん説教されて良かった――ともつけ加えた。ちなみに、僕よりも曺さんの方がハンパなく怖い（笑）。

僕たちが当時、彼らに常に言っていたことは、あいさつをしろ！
ちゃんと人の目を見て話を聞け！
きちんと相手に向かって話をしろ！
整理整頓をしろ！
などだ。仲間を思いやること、感謝の気持ちを常に持つことも大切にしていた。

曺さんに、昨夏、わが家で教え子たちが語っていたことを話した。そうしたら、こう言われた。

「目先のための指導じゃなくて、かなり先になって子どもたちから『良かった』と言われる指導が良い。それが、本当の育成指導だと思う」

僕はいまスクールの子どもたちに、昔と変わらないことを伝えている。特別なことではない。普通に当たり前のことを、子どもたちにはうるさいくらい伝えている。

たぶん曺さんはいま、Ｊリーガーであるプロ選手たちにも、同じことを伝えているだろう。子どもたち、もちろん大人にとっても、大切にするべきことは変わらないから。いま、そしてその先も、未来ある子どもたちが笑顔でいられるように指導していく。

誰かがやるでしょ！　では終わらない

2016-07-03

今日、6年生のリーグ戦に行ってきた。

試合中、コート外の林の中にボールを蹴り入れてしまった。試合後、チーム全員でボールを探しに行く。その前に、各自のボール、水筒、パイプいす、テントなどのチーム荷物を片づけ、コートの端にひとまとめにして置いてから林へ行った。

みんなで探してやっとボールが見つかり、安堵《あんど》したその後に、事が起こった。みんなでコートに戻り、各自の用具、そしてチームの用具を持って移動。自分たちの荷物を置いてある場所に戻り、各々が着替え始める。

ふと気づくと、ベンチで使用していたテントがない。僕がしばらくあちこち探したが、やはりない。そこで、さっきまでチームの試合用具を置いていたコートの端を見ると、テントが横たわっていた。着替え荷物の場所からはいちばん遠い、コートの反対側だ。

子どもたちに、チームのテントについて問いただした。すると口々に言う。

「テント、持って来るのを忘れていた」

彼らは自分のものは大切にするが、チームのものを大切にしていない。忘れているという無責任さ。論外だ。

「誰かが持ってくると思っていた」

「一人では持てない」

「みんなが先に戻り始めたから、自分も持たずに戻ってきた」

テントが目にとまっていながら放置した子たちは、自分がやらなくても誰かがやるだろうと考えた。これまた無責任以外の何物でもない。そのようなときは、たいてい誰もやらないものだ。


子どもたちは、自分の大切なものはきちんと管理する。見当たらなければ探す。しかし、自分のものでなければ無関心になりがちだ。やりたくないからやらない、損するからやらない。自分さえ良ければ、それでいいのか？　そんな感覚でチームスポーツをしていれば、活躍はできない。サッカーはミスがつきもののスポーツであり、ミスをみんなで助け合わなければならない。

今日は、解散前にミーティングをして大説教。試合の結果や内容以前に、人として大切なことを説いた。自分もやるから、みんなでやる。何事にも積極的に取り組む姿勢を見せてほしい。だからこそ、子どもたちに根気よくつきあっていく。

正直に言えば怒られる。だが、その先は……！

2016-07-05

6年生チームの用具管理の悪さについて、話の続き。

解散前のミーティングで、子どもたちに聞いた。自分たちの水筒や用具を持って移動するとき、チーム用具のテントが一緒に置いてあったことを知っていた人は――？

一人だけが、「知っていた」と答えた。

彼は知っていたにも関わらず、重いテントを運ぼうとしなかった。仲間に一緒に持って行こうとも言わなかった。そのことに対して、彼にきちんとお説教をした。

テントはかなり大きい。あれだけ目立つものに子どもたちが気がつかないのはおかしいと思っていた。僕はいろいろと話を続ける。

すると、また一人の子が「自分も知っていた」と言いだした。さっきは「知らなかった」と対応していた子だ。なぜ最初に明かさなかったのかを聞いた。彼は長いこと沈黙を貫いていたが、最後に涙ながらに答えた。

「怒られると思ったから」

その後、ほかの子たちにも聞くと、数人が「知っていた」と答えた。彼らも同様に、怒られるのが嫌で自分から言いだせなかった。

誰だって怒られるのは怖いし、嫌だ。しかし自分がやらかしながら、その場はうまく言い逃れたとしても、本人は真実を知っている。それは後々苦しくなる。怒られることが分かっていながらも正直に真実を言えることの大切さを、子どもたちに伝えた。悪いことは必ずばれるものだ。そして、うまく言い逃れる子は、いつの日か積み重なって大きな問題を引き起こす。

子どもたちみんなにきちんと説教した。時間はかかったものの「知っていた」と言えた子どもたちの勇気と正直さもほめた。

今回のミスから子どもたちは学ぶと思う。そして必ず成長する。

グラウンド

2016-07-14

先日のスクール。

グラウンドに入ると、地面がボコボコ。どうやら雨で地面がゆるいときにグラウンドを使用した人が、整備をしなかったようだ。足跡や掘られた跡が残ったまま、カチコチに乾いて固まっていた。あまりにひどい状態に、ため息をついた。

しかし自分たちも使うグラウンドだ。僕はトンボを手にグラウンド整備を始めた。30度を超える暑さと直射日光のなか、ダラダラと汗をかきながら黙々とやる。

すると、小学校低学年のスクール生たちが徐々に集まりだした。ボールを蹴りたくて、スクール開始時間よりかなり早くやってくる子が大勢いる。その子たちに、

「おーい、手伝ってくれー」

と助け舟をお願いした。すると全員が、自分の背丈よりも大きいトンボを持ってきてトンボがけを始めてくれた。そのようすを見ながら、すぐに飽きちゃうかな？　と思ったが、みんな黙々とやってくれた。

「ニシコーチ、見て！」

なかには僕を呼ぶ子もいた。どんな感じか見に行くと、カチカチの凹凸だった地面が、局地的にキレイな平らになっていた。感心した。結局、スクールの開始時刻までやめる子は一人もいなかった。

「ありがとな！」

と言うと、子どもたちは達成感に満ちた自慢げな顔をしていた。グラウンド整備の後は、もちろんサッカーを楽しむ。

夕方になると涼しくなってきて気持ちがいい。そよ風が心地よい。山を望み、緑の木々のなかで、夕陽も見える。子どもたちは青空を見上げ、虹を見つけたりもしていた。サッカーをやりながら、そんな自然を見て楽しむ感性を持てるのも、長野らしいなと思う。

みんなで汗を流し整備したグラウンドで、サッカーを楽しんだ。自分たちの遊ぶ場所を、自分たちでキレイにして、そこで遊んだ。子どもたちが、そこから何かを感じ、学んでくれたらうれしい。

ピッチでの悲喜こもごも

PK

2014-03-26

外部指導者をしている私立高校サッカー部の遠征試合に行った。

予選リーグを1位通過したものの、準決勝で惜しくも敗退。

最終日、3位決定戦では、0-2という苦しい状況から後半アディショナルタイムに2点を奪い同点に追いついた。劇的な幕切れ、選手の奮闘はすばらしかった。

順位決定戦のため、その後はPK戦に。両チーム5人ずつ蹴ることになる。選手たちはベンチ前で、誰が蹴るのかを話し合っていた。

対戦相手は、選手が1人試合中にレッドカードをもらい退場したために、10人しかいない。ルール上、PK戦の際は両チームの人数を合わせなければならない。われわれの選手

11人のうち、1人がベンチに残ることになった。すると、新3年生のCくんが自ら志願してPKメンバーから降りた。

選手たちの話し合いにより、5人のキッカーの中に主軸の2選手は入らなかった。2年生の時からスターティングメンバーに入っていたAくんとBくんだ。

ベンチにいた選手たちに、なぜ二人は蹴らないのかと聞くと、「PKに自信がない」と答えたのだという。

PK戦は、5人が蹴っても勝敗が決まらず6人目に入った。

6人目のキッカーは、Aくん。

ベンチのチームメイトが不安げなコメントをしていると、そのとおり、キックはキーパーに止められた。しかし相手チームの6人目もはずし、7人目に突入。

7人目のキッカーは、Bくん。

チームメイトはやはり不安げ。その後、彼のキックもキーパーに止められ、その瞬間に敗戦が決定。

志願してPKメンバーからはずれたCくん、5人のキッカーに志願せずに6、7番目に蹴ってPKをはずしたAくんとBくん。彼らは、PK戦をやる前から、自分ははずすかもしれないと思っていたようだ。彼らが過去にＰＫをはずした経験があるからだ。しかし、その経験は過去のこと。いまとは別物だ。

ＰＫをはずすかもしれない、という勝手な「思い込み」。

スポーツにおいて、こうしたネガティブな思い込みは大きなデメリットになる。現実ではない空想のイメージが強くなり、精神的なプレッシャーを自らつくりだす。それが現実＝「いま」の結果に影響する。

競技スポーツだけではなく、社会のなかで、仕事で、学校で、人間関係で、勝手な思い込みによりマイナスな方向へ進むことはある。常に「いま」を意識し、思い込みは不要なものだと感じることが大切だ。

自分の「思い込み」を意識してみよう。マイナスイメージだったことが、プラスに開けてくることが多々あるのだから。

オウンゴール

2014-04-29

昨日、長野市内の中学校へ。サッカー部との月1回のメンタル講義を行なってきた。僕にとっては、とても楽しみな時間だ。

たまたま、前日に同じ市内の強豪校と練習試合があり、0-1で負けたそうだ。選手のAくんがオウンゴールをしてしまったらしい。

思春期なので話したがらないかなと思ったが、Aくんは自分でそのときの状況を語りだした。それも部員のみんながいる前でだ。たいした子だなと思いながら、僕は話を聞いていた。

オウンゴールをした後、悲しさと悔しさがあった。手に汗をかき、足がガクガクした。その後は足が動かなくなり、試合の残り時間はまったくダメだった。心の中で、「僕のオウンゴールのせいで、試合に負けるかもしれない」とつぶやいていた――。

オウンゴールしたとき、いま語った内容に自分自身は気がついていたか？　と僕は質問した。

彼は、手に汗が出てきたことには気がついていたが、心の反応や、足が動かなくなってしまったことは試合中に認識していなかったという。

試合中に自分がどんな心境であったか、身体の反応はどんなだったかということに気づけたのは、今回の彼の成果だ。自分自身の状況に気づくことができれば、その後の対処はできる。

立派だな——。1日たって冷静になっているにしても、そのときの状況を理路整然と語ることができた中学生を尊敬した。

スポーツをしていれば、常に苦境に立たされる。

しかし、そのときの自分の状況を理解することができ、次に同じような苦境に立たされたときに対処ができたら、進化することができる。もっと強くなれる。次回の講義では、その苦境をどう対処すれば良いのか、ひもといていくことにしよう。

彼の今後の活躍を大いに期待している。

「ハンドだよ！」

2014-07-06

先日、少年サッカーの試合を見ていたときのこと。

「ハンド！」

相手のプレーに、子どもたち数人が声をあげた。

レフェリーはプレーを続行した。すると、一人の少年は「ハンドだよ！」と怒りで大声を張り上げた。しかし相手チームが攻め続け、そのままゴールを決めた。

「ハンドだよ！　反則だよ！　卑怯《ひきょう》だよ！」

少年はさらに怒りながらほえた。その後も「ずるいよ！　卑怯だよ！」と叫び続けた。

彼は、ハンドの反則をとって自分たちのボールにしたかったが、思いどおりにならなかった。だから大声をあげ、怒りをエスカレートさせた。しまいには自分のチームが失点し、怒りだした。

彼は気がついていない。自分は感情的になっている。興奮している。怒っている。だから、どんどんエスカレートしてしまうということに。

今大会のサッカーワールドカップ、ポルトガルvsドイツ戦で、ポルトガルのペペ選手は相手選手に頭突きをし、レッドカードをもらい退場した。その後、ウルグアイvsイタリア戦では、ウルグアイのスアレス選手が、イタリア選手に噛《か》みついた。二人は出場停止処分になり、その後、ポルトガルもウルグアイも敗退した。

スポーツにおいて、平常心を保つことは非常に重要だ。興奮や怒り、自分が感情的になっていることに気づくことができたら、自ら状況を変えることができる。自分の心の変化に気づこうとするだけで、ずいぶん違う。

自分が怒っているなと思ったら、自分を他人の目で眺めてみたら良いと思う。それにはトレーニングも必要だ。心身ともに健全であることが望ましいと思うのだ。

試合中にほえていた少年の怒りの矛先《ほこさき》が、純粋にチームの勝利のためにゴールへ向かう日を信じている。

リスペクトの精神

2014-07-07

昨日のブログに続き、ゲーム中に怒りだした少年の話。

失点をした瞬間、その少年は「ハンドだよ、反則だよ、卑怯だよ！」と連呼し怒っていた。思ったとおりにいかなかったときに選手が文句を吐くのは、スポーツ界にはよくある話だが。

相手チームの選手に言っているのか、レフェリーに言っているのかは分からないが、少年は、グラウンドの外で眺めている僕にまで聞こえるほど、でかい声でほえていた。僕の気分が悪くなるほどの光景だったから、周りにいた人も同様だっただろう。

チームメイト、相手チームの選手、レフェリー。彼は明らかに、自分の周りにいる人のことまで考えてはいなかった。怒りの感情だけが際立っていた。

サッカーはチームスポーツだ。チームメイトがいないとゲームができない。相手チームの選手もレフェリーも、またサッカーコートをつくってくれる関係者などもいなければ無理だ。自分がゲームをするためには、それだけの人たちがそろわなければならないわけだ。

僕は、子どもたちに言い続けなければいけない。

チームメイト、相手の選手たち、レフェリー、関係者、そうしたみんなのおかげでサッカーができるのだから、常に彼らにリスペクト（尊敬）の精神を持ち、ゲームを楽しんでほしい。それが本来のサッカーの姿なのだから。

怒りの少年は、ゲーム中に交代させられた。その理由は言うまでもない。彼はその場で自分の行為に気づき、反省し、また冷静になりピッチに戻っていった。

サッカーは紳士のスポーツなのだからこそ、リスペクトの精神を重んじることを学ばなければならない。

失敗に気づき、同じことを繰り返さない。そうやって、少年はどんどん成長していくのだ。

誰のせい？

2014-07-08

さらに続く、ゲーム中に怒りだした少年の話。

彼にとって、問題の行為の後チームが失点をした原因は、自分の至らなさや失敗ではなかった。おそらく相手チームの選手か、レフェリーのせいだったのだろう。

僕もかつては、この少年と一緒だった。

ゴール前で相手に倒されたから自分は守りに行けなかった、レフェリーが見逃した、などなど。何か自分の思いどおりにいかないとき、自分の失敗を棚に上げて、いつも他人のせいにしていた。その方が自分が楽だったから。

しかし、考え直して気づくことができた。他人のせいにしてばかりでは、進歩しない。うまくいかないことを自分で認め、自分なりに改善することがないからだ。自責にすると、かなりの痛みをともなう。しかし痛みとともに自分自身は成長する。

多くの人たちが、他責の念を持っているに違いない。俺は、私は悪くない。あいつが、あの人が、こうしていればこんな結果にはならなかった……！

自分に起こるすべてのことは自分の責任。潔く受け止める勇気も必要なのです。

こうして、僕も日々精進しているのである！

頼もしい高校生

2014-07-10

先週末、外部指導者をする私立高校が出場した公式戦（プリンスリーグ）。前半2分にいきなり失点した。ディフェンダーのTくんがあっさり抜かれての失点。ゲーム立ち上がりでの失点は、ベンチに座るわれわれスタッフのゲームプランを完全に狂わせる。

失点後、Tくんは明らかに自分のせいで失点したことを受け入れて、当然のごとく落胆した。

すると、ミッドフィールダー（中盤の選手）のMくんが寄っていき、話しかける。下を向くTくんの肩をポンと叩き励ました後で、彼の腰を押しながら前へ行くように促した。どのようなやりとりがあったのか、ベンチからは正確には分からない。

その後、Mくんは自チームのゴールに近い守備者の位置に立ち、Tくんが、その前の中盤の位置に立った。

実は前節にも、Tくんは自身のミスで失点した。すると、その後のプレーが一気に消極的になった。そして今回、もう一度失点にからんでしまった。

しかし今回は、Mくんが守備の責任を自ら受け、Tくんを励まして前線に送りだした。そしてTくんのプレーは時間の経過とともに良くなっていき、いつもの彼の思い切ったプレーを見ることができた。

サッカーは相手があるものだから、うまくいかないことは多々ある。そんなとき、ベンチにいる監督やコーチは修正し、改善していく。

しかし今回は、選手自身が自分の考えで行動した。スタッフの力を借りることなく、自分たちで現場を把握し、状況を変えるべく行動できたことはすばらしいと思った。

Mくんの行動には、仲間に対する思いやりがあり、格上の強豪相手に自陣のゴール前を守る責任を持ち、そしてポジションチェンジを行なうという思い切った行動力があった。頼もしい高校生に育っていると感心した。

彼らはいずれ自立して社会に出てゆく。自分で考え、自分で行動できる人間になってほしいと願っている。

楽しんでますか？

2015-04-27

先週末の小学生のリーグ戦で、こんなフレーズが頭をよぎった。

『サッカー、楽しんでますか？』

ある試合を見ていた。先制してリードを奪い、前半を優位に展開していたチームが、後半になってひっくり返り劣勢になった。そして案の定、失点した。

すると、一人のフィールドプレーヤーが、失点の原因をつくったゴールキーパーをののしった。キーパーはその仲間の罵声《ばせい》に動揺したのか、その後少しして、またもミスをして失点。すると今度は、チームメイトみんなが、キーパーをののしった。失点して熱くなってしまった子どもたちの行動で、非常に雰囲気が悪くなった。

その光景を見ていて、とても残念に思った。

勝ちたい。でも、サッカーはミスがつきもののスポーツだ。試合は、良いときも悪いときもある。勝つときもあれば負けるときもある。

プロの試合の失点シーンで、チームメイト同士が口論していることがある。これは次のミスをなくすため、改善のためのコミュニケーションだ。ピッチ上で熱い議論を交わしているのであって、ののしりではない。

今回のゴールキーパーは、サッカーが楽しかったのか？

罵声を浴びせた子どもたちは、サッカーを楽しめたのか？

僕が彼らの立場なら、試合に負けたからだけではなく、仲間同士の後味の悪さでサッカーは楽しくないものになるだろう。

勝とうが負けようが、子どもたちがまたサッカーをやりたいと思える環境を、指導者はつくっていかなければならない。もちろん厳しいトレーニングもあれば、友達とのコミュニケーションでトラブルもあるだろう。まだ経験が浅い子どもたちだからこそ、指導者は楽しいサッカーへ導く必要がある。

「なぜサッカーやるの？」

サッカー少年にそう聞いたとき、

「楽しいから！」

こんな答えが笑顔で返ってくるように、日々、サッカーを楽しもうではないか。

試合はどんなときでも戦う場だ

2016-07-16

今日は6年生のリーグ戦。朝7時30分、現地集合。試合会場が長野市外だったため、僕は5時半に起床し、自宅を6時半に出発した。

会場について子どもたちの顔を見ると、シャキッとしている子が少ない。ウォーミングアップが始まった。ダラ〜ッとしていて、とてもこれから試合をやる雰囲気ではない。これはどうなの？　と聞くと、子どもたちも「良くない」と答える。

理由は分かっていた。6年生たちは所属の小学校で1泊2日の臨海学習に出かけており、昨晩遅くに帰ってきた。学校行事だからしかたないという「言い訳」があるから、疲れている感を表に出してダラダラとしていても許されると思っていただろう。試合に勝てなくてもいい、とも伝わってくるようすだ。

しかし僕は、子どもとはいえ言い訳を一切認めない。グラウンドへ来て試合でピッチに立つ以上、必死に戦うべきだ。そうでなければ、試合をして成長しない。一生懸命やらなければ、対戦相手やレフェリー、関係者にも失礼だ。

どんな状況でも戦う気持ちを持てるように、強くなってほしい。

グッドルーザー

2016-07-17

昨日の話の続き。

昨日は6年生のリーグ戦、対戦相手は1部リーグのトップ争いをする強豪チームだった。そのチームは、昨年5年生1部リーグで2位。今年も前期は2位だった。対して僕たちは、昨年チームを結成し、3部リーグに参戦。昨年後期に2部へ昇格し、今年は1部へ昇格して、現在に至っている。

試合は、2－3で敗戦した。でも僕は、子どもたちをたくさんほめた。

前期、同じ相手に3－6で敗戦したときはその強さに圧倒されたが、今回は堂々と戦うことができた。相手にプレッシャーを与え、一人ひとりが球際で激しく必死に戦った。その姿はリスペクトできるものだった。

試合前のうちの選手たちは、ウォーミングアップがダラダラ感満載で始まった。ひとしきりお説教した後の試合。試合には負けたが、プレーに対する姿勢はすばらしかった。

僕は常に、試合内容を大切にしている。試合に勝っても内容が良くなければ、選手たちをほめない。逆に、今回のように、負けても内容が良ければきちんとほめる。そこに子どもたちの成長があったからだ。今後もコツコツと、成長を続けてほしい。

声かけ一つで

2016-09-08

先日の小学6年生のリーグ戦。相手チームは強敵で、うちは劣勢に立たされた。チームメイトの二人が、試合中、お互いのプレーに対して言葉を発する。

まず前半、ディフェンス陣が相手選手にやられて失点。そんなシーンが何度か続いた。するど、中盤でプレーしていたSくんがディフェンダーに言い放った。

「ちゃんとマークしろよ！」

言われた方はカッとして、けんかになっても不思議ではないシチュエーションだ。

相手にリードされたままの後半。僕らにも少しチャンスが増え、Sくんは数回シュートを打った。しかし、そのシュートはヘナヘナと力なく飛んでいくものや、ゴールの枠からはずれるものばかり。すると今度はYくんが、

「シュート、枠に飛ばせよ！」

と勢いよく言う。しかし、加えてこう言った。

「でも、トライは良かったぞ！」

そう言われたSくんは、さらに前を向くことができた。二人のゲーム中の発言に大きな違いがあるのは明らかだった。

試合に勝ちたいと思うのであれば、ときにはチームメイトに厳しい言葉で指摘しなければならない。プロサッカーだと、ゲーム中に仲間同士が言い争いになることも普通にある。勝つために熱く、厳しくなるのが競技スポーツの世界だ。

何でもかんでも「オッケー、どんまい！」では、強敵には対抗できない。ちゃんと相手をマークしなければ失点になるし、シュートは枠に飛ばさなければゴールにならない。劣勢で負けていたからこそ、二人の口調は仲間に攻撃的だった。

しかし、同じ指摘であっても言い方によって相手の受け取り方は異なり、ときに試合運びにも影響する。

試合後、全員を集めて、二人の発言について話をした。

Sくんは、ミスを指摘したのみ。Yくんは、ミスを指摘した後、それでも仲間のトライを賞賛した。一瞬厳しく感じたが、その後のプレーにつながるあたたかさがあった。小学生ながらすばらしい。だからこそ、みんなに話すべきだと思った。

格下に張り切り、格上から逃げる

2017-01-21

子どもたちにもっと強い心が必要だ――。

先日、6年生のフットサルリーグの試合を見て率直に感じた。

ある対戦で、相手にかなりの大型選手がいた。見た目は中学生のよう。うちの選手たちはビビってしまい、身体を当てに行かない。彼のボールを奪ってやろうという闘志もない。あきらめていた。

当然その選手のマークが甘くなり、数的優位をつくられると、前半は相手のやりたい放題。そのうち先に失点をする。すると、さらに走らない、戦わないという情けない状況に。

うちの選手たちは、自分たちのチームがリードしているときはがんばる。良く走るし、身体を相手にぶつけて戦うし、大きな声も出る。格下には、メチャクチャがんばる。しかし相手がリードしていたり、格上だったりするときはこうなる。走らない、戦わない、声も出ない。全然がんばらない。弱者のメンタリティーがしっかりとあらわれる。この状況は、チーム全体に連鎖する。

勝つために必死に戦う。そのメンタリティーなしに競技スポーツの世界での成長はない。

勝ったら？　負けたら？

2017-02-15

スクールでドリブル競争をした。そのようすを見ていて驚いたことがあった。子どもたちは、競争になると喜んで走る。一番になりたくて必死になる子が多い。そんななか、必死にならない、なれない子がいた。

その後、子どもたちにハンディをつけてさらに走らせる。すると普通に走ったら一番になれない子も一番になれる。子どもたちは少しでも速くなったり、一等賞になれたらなおさら達成感を味わう。

しかし、さきほど必死にやらなかった子は、相変わらずがんばらない。というより、わざとふざけながらゆっくり走っていた。がんばることが恥ずかしいかのように見えた。

がんばらない、必死にやらない子がいても否定はしない。人はそれぞれ性格が違う。個性を尊重することは大切だ。しかし、競争を避けようとする姿を見て違和感を持った。このさき接する競争社会を考えたら、子どものころから競争のなかで勝とうとする心は大事な気がする。

現に、ドリブルが遅くても必死にがんばっていた子どもたちがたくさんいた。遅くても、一番になれなくても、自分に与えられた課題に必死に取り組んでいた。勝とうとする気持ちが伝わった。心を打たれた。そのがんばっている子たちに、一番を取らせたいと思った。だからハンディをつけて、彼らが一番になる喜びを感じられるようにした。

競争は勝敗がつく。だからみんな、勝つために必死にがんばる。必死にがんばる精神は、子どもたちの将来に生かされると思っている。必死にがんばれば、勝っても負けても達成感を味わうことができるから。まずは、競争で勝ちにいく気持ちを持つ、そして勝つ努力をすることが大切だ。

ときには自分も振り返ろう

怒りまくるのはなぜ？

2013-09-20

小学生のサッカー試合会場で、ベンチで怒りまくる指導者を見かけた。

Jリーグなどのプロスポーツであれば、勝利は至上命令だから、監督は叱咤《しった》して選手を戦わせなければならない。しかし、小学生の場合は、サッカーを楽しみながら成長することが望ましい。

では、彼はなぜ怒っているのか？　自分の思ったとおりのプレーを子どもたちができなかったからだ。プレーしている子どもたちのできることとできないこと、その分析ができていない。明らかに「いまのその子にはそれはできない」という、技術不足によるミスで怒られていることが多い。それは、おはしをうまく使えない幼児に豆をつまませて、できないからといって怒りだすようなものだ。

指導者としてはここは我慢して、今後のトレーニングで子どもに力をつけさせていくことが大切だ。


逆に「いまできることをやらない子」についてはどうであろうか。

たとえば、いましっかり走っていたらゴールを守ることができたのに、走るのをサボったから相手にゴールを奪われた。プレーしている子が、やれることをやらなかった場合、僕はその瞬間に指摘する。それは彼のやるべきことだからだ。

大人は自分のイラッとした感情だけで、子どもに怒ってはならない。子どもも納得しない。

子どもを叱るときは、必ず客観的視野を持っている必要がある。ほんの一瞬でも、大人は子どものためにグッと我慢し考えて、冷静に良い方向に導いてあげよう。なぜ叱られているのか子ども自ら説明ができるくらい、彼らが納得できるように。

指導者である自分も、日々考えている。

短所より長所①

2014-12-29

先輩指導者と雑談をしながら、指導論の話になった。

子どもの長所について。

その先輩は、子どもたちの長所を伸ばす指導をしたい、と言っていた。僕も、いつも大事にしていることだ。

ドイツの指導現場では、常に子どもの長所に目を向ける。子どもは一人ひとり、みんな違う。長所もさまざま。指導者は、それぞれの長所に焦点を当て、それを彼らの武器にするためにガンガンと伸ばしていく。

日本はどうだろう。

どちらかといえば、長所よりも短所に目を向けがちだ。「出る杭は打たれる」ということわざがあるが、日本人のメンタリティーをあらわしているように思う。長所を伸ばすよりも短所を補う方を優先されることが多々あるからだ。枠から飛びだす子、みんなと違うことをやりたがる子は、秩序を乱すために注意を受ける。

ドイツでは、大人のつくった枠を飛びだす子どもが「タレント」だ。タレントとは、将来有望な選手のこと。枠から飛びだせるのは子ども自身が持っている特長であり、大きな長所だからこそタレントになれる。人と違うことができるのは、すぐれている証になるのだ。

子どもの短所は、減らした方が良いに決まっている。だが短所を減らすより、長所をより伸ばしていく指導が、子どもを大きく羽ばたかせる。子どもの成長においては、たくさんほめてこそ伸びていくのである。

子どもの長所を伸ばす。奥が深い。大人が常にそう意識してこそ、子どもたちはすくすく成長していくと思うのだ。

短所より長所②

2015-06-11

子どもはほめられるとうれしい。うれしくて、もっとやってみたくなる。

かつて指導していたサッカーチームで、能力が高くて何でもできるAくんと、そこまで能力が高くないBくんがいた。

ある日、Bくんの親御さんは僕に、自分の息子がAくんに比べて〝できない〟点について話してきた。Aくんより走るスピードが遅い、ボールを扱うテクニックも劣っている……。

しかし僕からすれば、Aくんが何でもかんでもすばらしいわけではない。BくんにはBくんの良さがあった。二人を比較すれば、Aくんの方がいろんなプレーができるが、チーム戦術の理解度は、Bくんの方がより高かった。

しかし、グラウンド上だとボールを扱うテクニックや身体能力が目にとまりやすいから、親御さんはBくんの見劣りする点ばかりに気が向いていた。

僕は、子どもたちを初めて見たときのプレーをしっかりチェックしている。先々の成長度をチェックするためだ。

もちろん、Ｂくんに初めて会った日のプレーを覚えていたし、その後の彼の成長も把握していたから、親御さんにはうんとほめてあげるように話した。

「隣の芝生は青い」ということわざがあるように、比較をするとほかの方がよく見えることは多い。とかく親は、自分の子どもをほかの子と比較してしまう。自分の子がほかの子より劣っているということに、意識が向く傾向がある。

子どもはそれぞれ長所と短所がある。

よその子の方がすばらしいと思っていても、その子にだって短所がある。自分の子にも、必ず長所がある。長所を探してあげることが必要だ。そうすればきっと、わが子をほめるネタがたくさん見つかる。そしてわが子の昔といまとを比べてあげたらいい。そうすれば、子どもの成長を実感できる。さらにほめることができる。

ほめられた子どもはうれしい。ほめられたときの表情を見ていれば、それがよく分かる。子どもの笑顔のために、親はたくさん子どもをほめてあげればいい。そうすれば子どもはさらに意欲が湧き、前向きに一生懸命物事に取り組むだろう。

もちろん、Ｂくんはさらに伸びていった。

子離れ

2015-08-12

先日の小学生サッカー大会会場。
母親が、子どもの荷物を持って歩いている。「水分をとりなさい」と、息子に水筒を差しだす。息子の水筒の中身がなくなると、母親が水道へ行って水筒に水を入れている。どこかのコンビニで飲み物を買ってきて、息子に渡している母親もいた。

僕の幼児スクールでは、各自が水筒を持ってくる。彼らはのどが乾くと、「コーチ、お水飲みたい」と言ってくる。飲んでおいでと伝えると、勝手に水筒を取りに行って飲む。親が気を利かせて水筒を差しださなくても、水くらい自分で飲めるわけだ。

たまに、水筒の水がなくなったと言ってくる子がいる。われわれコーチは「そうか、どうしようか?」としか言わない。すると子どもは水道へ行き、自分で水を汲《く》んでくる。親が水道へ導かなくても、コンビニへ飲み物を買いに行かなくても、自分でクリアする。そのときコーチは、子どもをたくさんほめてあげる。すると彼らはうれしそうな笑顔を見せる。
必要不可欠なこと以外、親は手を出さない方が良い。それが子どもたちの成長には、とても大切なのだから。

わが子が転んだ！　どうする？

2015-10-22

以前、スクール中に転んだ子どもに保護者が駆け寄り、声をかけたことがあった。転んだ瞬間を見ていた僕は、状況から見て手をさしのべる必要はないと判断。しかし保護者は走っていき、「だいじょうぶ？」と声をかけた。

転んだのだから、ちょっとは痛いのが当たり前だ。しかし大人から声をかけられた瞬間、その子は痛みに向き合い自ら立ち上がる機会を失ってしまった。だから僕は、声をかけた保護者の方にグラウンドから出ていただくようお願いした。

しばらくして、みんなのようすを見ていたその子は自力で立ち上がり、試合に合流することができた。

けがの程度には大小がある。小さいものは切り傷やかすり傷。もちろん痛いし、出血することだってある。しかしきちんと水で洗い、消毒したら、数日で治る。サッカーをしていれば、このようなけがはけがのうちに入らない。

昔、中学生の指導をしていたとき、僕のチームの子が相手のゴールキーパーと衝突して顎《あご》の骨を骨折、前歯が2本も折れたことがあった。このようなけがは、もちろん即座に対応する。ダッシュで駆け寄り、救急車を呼んだ。サッカーでは、ときに大きなけがもある。けががないに越したことはない。だが、サッカーをしていれば、子どもたちが転倒した、足を蹴られた、ぶつかったなど、痛みに直面することは多々ある。自分で立ち上がれる程度であれば、子どもたち自ら対処する力をつけていってほしい。それには、子どもを見守る大人の対応も重要だ。

わが子が心配だ。

わが子に声をかけなければ。

わが子の面倒をみなければ。

親であれば自然なことだが、大人が関わることが良いかどうかを的確に判断するべきだ。関わらなくてもいいタイミングなら、大人は一歩引いて見ていた方が子どものためになる。

スクールでは、子どもの自立の一助となるよう、「心も身体も大きく、たくましくなれ！」と願いを込めて、子どもとの時間をすごしています。

誰の夢ですか？

2016-02-19

「クラブのトレーニングがないオフの日は、練習はどうしたらいいですか？」

かつてプロクラブで小学生のコーチをしていたとき、選手のお父さんからそんな質問を受けた。

「（クラブで）平日2日、週末に1～2日トレーニングと試合をやっていますから、それで十分です。オフの日には、お子さんの好きなようにさせたら良いですよ」

「……。そうですか、じゃあ走りに行かせるべきですか？　息子をプロ選手に育てるためには、走りに行かせた方がいいですよね！」

お父さんからは、かなり息子さんに対する一生懸命さが伺える。しかし……。

「オフの日に走りに行かせても、本人のやる気がなければあまり意味がないですね」

「何もさせなくていいのですか？」

「はい、本人のやりたいことをさせたら良いと思います。彼は小学生ですし」

「じゃあ、本人がサッカーをやりたいと言ったら？」

「本人が望むのであれば、やればいいと思います。ポジティブで自分の身になりますよ」

「!!　分かりました！」

お父さん、かなり鼻息が荒い！　子どものことよりお父さんのことが気になった。

約1か月がたったある日、トレーニング後にその息子、Aくんを呼んだ。

「オフの日は何してるの？」

「サッカーのトレーニングしてます」

「すげーな、休みの日に。どこでやってるの？」

「近所の小学校で」

「それ以外は？」

「走りに行ってます」

「へぇ。どうしてそうしようと思ったの？」

「お父さんにやるように言われてます」

思ったとおりの答えだと思った。

「そうか。友達と遊びに行きたくないの？」

「………」

「自分がやりたくなかったら、やらなきゃいいじゃない。友達と遊びに行きたければ、行けばいいんだよ」

「行きたいけど……お父さんに言われてるから……」

彼はまだ小学生だ。

サッカークラブに通う子には、サッカー選手になりたいという夢を持って来る子が多い。しかし最近は、親ががんばりすぎてしまう傾向にある。がんばりすぎたあげく、「やりなさい」という命令になっていく。

人間、誰しも「やりなさい」と強制されれば、嫌になる。反抗したくもなる。子どもの夢が夢でなくなる可能性もある。好きなことだったはずなのに。

どうすればうまくなるか？

どうすれば自分の夢を叶えられるか？

子どもなりに考えさせればいい。

親は、子どもに任せる勇気を持つこと。そして自分の趣味を持ち、自分の人生を楽しむこと。そんな大人の姿を見て、子どもも自分でやりたいことをやる。結果、子どもにも大人にも笑顔が増えるのだ。

お父さん、そんなにがんばらなくていいんです！　子どもの笑顔のために……ね。

我慢するお父さん

2016-03-13

先日、スクール生のお父さんと談笑した。

その子は小学1年生。昨年夏にスクールにやってきた。数か月たち、足でのボール扱いがちょっとずつ進歩してきた。そして何よりも、最近の表情に自信がみなぎってきている。だから上級生たちが集まるなかで、立ち居ふるまいも変わってきた。彼の存在感を前よりも感じるようになってきた。成長している証拠だ。

息子さんのプレーを見ていたお父さんにそのことを伝えると、サッカーが大好きなお父さんは、はにかみながら笑顔で言った。

「本当は、もっと練習してほしいんです。家でも息子の見えるところにボールを置いているんですけど、なかなかサッカーしないんですよねぇ」

僕は言った。

「本人がやりたいと思っていないときに周りが『やれ』と言っても、あまり意味がないです」

もし、子どもが大人の声に反応してもっと練習をしたとしても、それは「やらされている」ということ。そのうちに、大人に言われればやるが、言われなければやらない子にな

る。そんな話をすると、

「そうなんですよ、我慢しているんですよ！」

そのときのお父さんのリアクションは、本当に我慢している、いまにも出そうな言葉を抑えるのに一生懸命といったようすだった。

そこで「やれ」と言ってしまうのが普通だ。子どもに自分の想いを押しつけないようにしているお父さんを立派だと思った。お父さんの大きな器のおかげで、息子さんはのびのびと成長できている。サッカーが上達していくことを楽しんでいるようだ。自分からやりたくなるからがんばるし、上達できる。

〝お父さんの我慢〟に敬意を表します。

指示をしない

2017-03-13

「西村さん、試合中にあまり子どもたちに指示しないですよね？」

以前、ある指導者にそう聞かれた。

たしかに僕は、試合中あまりベンチから指示をしない。指示をしないことで、子どもたちの現状分析ができる。

僕にとって試合は、子どもたち一人ひとりが何をできて何ができないかをチェックする時間だ。トレーニングした技術を試合で出せたならば、彼はその技術を習得したことになる。それはトレーニングの成果だ。

逆に試合で出せなければ、その子はまだ技術を習得していないあらわれだ。今後の課題となる。課題が見つかれば、さらに時間をかけてトレーニングをする。そしてまた、試合でチェックをする。そのサイクルを繰り返すことが大切だ。

自転車に乗れない幼児を、乗れるようにするにはどうするか。最初からうまく乗ることなど不可能だし、そのとき大人があーしろこーしろと言葉で指示したところで、自転車にうまく乗れる幼児はいないだろう。子どもが実際に自転車に乗り、何度も何度も自転車を押して一緒に走って、やっと一人乗りができるようになる。やはり時間と労力をかけて、子どもが自分で自転車を漕《こ》いでこそ乗れるようになる。大人は根気が必要だ。

これは子どもたちのサッカーにも言えること。

サッカーをやるのは子どもたちであって、僕ら大人ではないのだから、子どもたちが何をでき、何ができないのかを把握して次のトレーニングに生かせば良い。段階を追って子どもが技術を自分のものにしていけるようトレーニングする。

僕にとって試合は、子どもたちを成長させるために何をすべきかを見定める良い機会なのだ。

ほうっておけ、と言う大切さ

2017-03-20

知人の家庭で実際にあった、おもしろい話を聞いた。

知人には、現在中学生の男の子がいる。時期的に思春期、反抗期だ。先日その息子さんと母親とが口論になったらしい。カッとした息子さんは、壁をドン！　と蹴とばした。そして壁に穴が開いてしまった。

後日、壁を直そうとする母親に、父親である知人はひとこと、

「そのままにしておけばいい」

と答えたそうだ。


僕は中学生のころ、親と口げんかをするたびにふすまを蹴っとばした。サッカーをしている中学生のキックだから、いつも見事に壊れて穴が開いていた。あのころは僕も反抗期。ふすまを壊すことに罪悪感はまったくなかった。しかしいま思えば、本当に失礼な話だ。

知人は、あえて壁を直そうとしなかった。

息子が熱くなったその瞬間は、何を言っても響かない。時間がたって壁の穴を見たときに、きっと何か心に響くことがある。知人の器のデカさに、あらためて感心した。

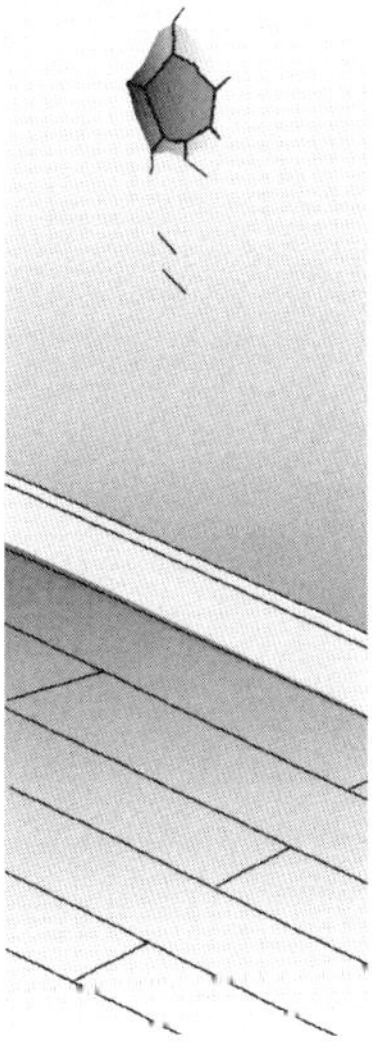

❸ 1860ミュンヘンから「夢」始まる

—ドイツ時代—

フスバル＝サッカーは文化だ！

子どもは宝だ！

2013-10-14

１８６０ミュンヘン時代、僕は〝ミュンヘン・ダービー〟といわれる試合の当日、サポーターの前で小学生の子どもたちに試合をさせたことがある。

ミュンヘン・ダービーとは、ブンデスリーガ、１８６０ミュンヘンvsバイエルン・ミュンヘン戦のこと。当時のミュンヘン・ダービーは、ミュンヘンオリンピックスタジアムに７万２０００人が集まるミュンヘンサッカーのお祭りだった。

そのダービーの前座として、５万人の大歓声の中で、１８６０ミュンヘンとバイエルン・ミュンヘンの小学生が試合をする。ブンデスリーガ同様、両チームのサポーターは、自チームのユニフォームを着て走る小学生たちを熱心に応援し、前座試合であるにも関わらずスタジアムのボルテージは最高潮になっていた。すばらしいプレーには、大歓声があがる。

この前座試合は、クラブ側にも狙いがある。将来プロ選手になるであろう金の卵たちを大観衆の前でプレーさせる。数万人のリポーターの前では誰でも緊張するが、その経験が子どもたちにとってとても大切だと考える。ヨーロッパ流の選手育成だ。

日本に帰国後、そのような前座試合をJリーグやJFL（アマチュアのトップリーグ）の試合前に行なおうとした。すると、障害がたくさんあった。

最大の問題は「ピッチインスペクション」。レフェリーらが、ピッチのライン、ゴールネットなどをチェックする時間だ。

運営サイドとしては、ピッチインスペクションを行なう前に、前座試合を終えさせようとする。プロの試合の2時間前くらいに終えるように言われたが、それでは観客が少ない。スタジアムはガランとして、静かなもんだ。もっとひどいケースでは、スタジアムの開門前に前座試合をスタートさせられることもあった。観客は誰もいない。

残念ながら、何のために子どもたちの前座試合をやるのかという趣旨がない。だから僕は、子どもたちが大勢の観客の前でプレーできるようにと運営サイドにお願いをした。

ドイツでは、趣旨、哲学、理念があって物事が動く。前座試合開催時のピッチインスペクションは、前座試合のハーフタイム（休憩時）に行なう。

1860ミュンヘンでは前座試合を、トップチームの選手たちがウォーミングアップに出てくるギリギリまでやらせる。前座試合を終えた子どもたちと、これからウォーミングアップをするプロ選手たちが、ピッチ上で握手やタッチなどをしてコミュニケーションをとることもある。その場に、緊張する子どもたちの姿はない。堂々としたもんだ。頼もしくもなる。

すべては、将来のサッカー界を背負って立つ子どもたちへの配慮だ。

ヨーロッパでは、子どもは宝だ。サッカー少年たちは、将来のサッカー界の宝だ。ヨーロッパのサッカークラブは、子どもに投資をする。ルールの枠組みも、子どもたちを育てることをベースにつくる。厳しくもあたたかく、子どもたちを大切にする心を持って、子どもたちに接する。そうしたメンタリティーは日本も見習うべきだと、僕は強く思う。

ドイツの子どもはスライディングがうまい

2013-11-09

外部指導者を受け持っている高校サッカー部の新人戦があった。地区大会の2回戦だったが、人工芝グラウンドでの試合。

「僕が高校生のときは県大会の決勝でさえクレー（土質）だったから、大きな進歩ですね」と監督に言うと、今年はたまたま人工芝が使用できたが、前年はクレーだったらしい。

長野県は他県に比べて、サッカーの環境整備が大幅に遅れている。天然芝、人工芝のサッカーコートは絶対的に少ない。

1860ミュンヘンのコーチ時代、7シーズンでクレーコートでの試合は1回だけ。それも試合前に雪が降りだし、芝を痛めないためにという理由から。ほとんどの試合が天然芝で開催され、そうでなくても人工芝だった。練習もすべて天然芝か人工芝で行なわれた。

ドイツで指導していた子どもたちは、日本の子どもたちよりスライディングがうまい。指導などしなくても、自然とうまくなる。

天然芝の上はやわらかいから、すり傷などしない。だから子どもたちは思い切ってスライディングをする。それを何年も積み重ねていくから、自然とすばらしいスライディングを身につけるのだ。

日本はどうだろう。

練習や試合会場がクレーだったら、スライディングを当然嫌がる。大きなすり傷を負ってしまうから。ただ、僕が以前コーチとして所属していたAC長野パルセイロの中学生はスライディングがうまかった。練習環境が天然芝だったからだ。

競技スポーツの上達には、環境が大きくものをいう。ミュンヘン市には、天然芝と人工芝のサッカーコートが約70面ある。すべて行政がつくったものだ。そのすばらしい環境で、子どもたちは大きく育つ。そして大人も、その環境でサッカーを、スポーツを、人生を楽しむのだ。みんなで一緒にがむしゃらに走り、汗をかき、楽しむ。爽快感ある笑顔があふれている。

休むことは良いことだ

2013-12-28

1860ミュンヘンでコーチを始めた1年目、当時は10歳以下の小学生チームを担当していたが、12月中旬になるとドイツサッカー界は、クリスマス休暇を迎える。しかし、そのオフ（休み）の長さに驚いた。なんと、プロサッカークラブの下部組織で4週間も休むのだ。日本では考えられない。

4週間のクリスマス休暇の後、1月中旬からトレーニングを再開。その後、リーグ戦後期を戦い、夏にまた約3週間のオフを迎える。

別に1860ミュンヘンに限ったことではなく、ドイツサッカー界全体の話。小学生だけかとも思ったが、中学生、高校生もそれぞれ3週間程度の休みをとる。

チームが長期休みをとるのには、きちんとした理由がある。

1、トレーニングと試合の負荷をなくし、心身ともにリフレッシュさせる。

2、半年に一度、長期的に休むことで疲労がとれ、次の半年間のけがが減る。

3、子どもたちの身体が大きくなる。

長期休みの後、選手たちは十分にリフレッシュしてサッカーをしたくて戻ってくる。それにより、また厳しいトレーニングに耐えることができる。

サッカーのトレーニングと試合には多くのエネルギーを使うが、身体も成長期。サッカーでオフをとれば、エネルギーは自然に身体の成長に使われる。

以前コーチをしていたAC長野パルセイロで僕がこのシステムを採用したとき、ほかのチームから驚かれた。でもこうした理論を伝えると、納得して同様に試みたチームもいくつかある。そうしたチームの指導者は、新しいトライだと言っていた。

日本では、長期休みをとっていると「トレーニングしていなくて大丈夫か?」と質問されることがある。選手の保護者から「子どものために、もっとトレーニングをしてください」と言われたこともある。

しかし、1860ミュンヘンで指導していた当時の子どもたちはその後、ドイツ代表に4人入り、ブンデスリーガ1部、2部のクラブで数十名が活躍している。ドイツでは年に2回の長期休みを取り続けて、選手たちは育っている。休むことは、トレーニングと同様に重要なことなのだ。

サッカーに限らず仕事でも勉強でも、クオリティーを上げるためにオンとオフの使い分けは大切。日本人にはもっと休む勇気が必要だと、僕は思う。

お前は「青」か？「赤」か？

2014-01-09

ミュンヘンには、ブンデスリーガのクラブが二つある。一つは、鹿島アントラーズの大迫勇也選手が移籍した、僕の古巣の「TSV1860ミュンヘン」。もう一つは、世界中が知っている「バイエルン・ミュンヘン」。

チームカラーは、1860が青。バイエルンは赤。

ミュンヘンでは、サッカーを「青」か「赤」で語る。たとえばお酒を飲んでいる席で、誰かが、僕が1860ミュンヘンで働いていることを知ると、「Du《ドゥ》 bist《ビストゥ》 Brau《ブラウ》.（お前は青か）」と言われる。相手が1860ミュンヘンファンであれば、笑顔で言われ、バイエルンファンであれば、皮肉って言われる。

外国人の僕は、ドイツで生活するために滞在ビザを取得しなければならない。役所での手続きは、一人ずつ個室での対応が普通だ。

担当官のおじさんは、僕の書類を見ながら、

「Du bist Brau?（お前は青か？）」

と聞いてきた。職業欄を見ていたのだ。そして、

「Du《ドゥ》 bist《ビストゥ》 richtig.《リヒティッヒ》（お前は正しい）」

と笑顔で言われた。彼は1860ミュンヘンのファンだった。気づけば、彼のデスクの上には、1860ミュンヘンのコーヒーカップが置かれていた。

ドイツ時代、1860ミュンヘンの元選手のおじさんに大変お世話になった。親日家の彼は、僕を息子のようにかわいがってくれた。自宅にもよく遊びに行き、奥さんの手料理をいただいて、ミュンヘン名物の白ビールを一緒に飲んだ。

彼は、生まれも育ちもミュンヘン。子どものころから1860ミュンヘンの育成部門のチームで育ち、引退後は同部門の監督・ディレクターを歴任した。そんな彼は、言わずと知れた「ブラウ」……青なのだ。「俺の体には、青い血が流れている」という名言（迷言）まで残すほどに。

1860ミュンヘンは、名前のとおり長い歴史がある。そして街の文化となっている。そんなクラブに日本人選手が誕生したのはうれしい。

いまさっき、そのミュンヘンのおじさんから久しぶりに電話がかかってきた。1860ミュンヘンでの大迫選手が楽しみだと、とにかく僕に伝えたかったのだ。うれしい話である。

僕の特別な場所・ミュンヘン

2014-03-19

フランクフルトから高速列車ICEに乗り、ミュンヘンへ向かった。

僕はドイツ時代、デュッセルドルフ、ケルン、ミュンヘンに住んだが、ミュンヘンには特別な思いがある。ドイツ生活10年のうち、ミュンヘンでは7年を過ごした。最も長く住んだ街だからこそ、愛着もある。

ミュンヘンに行くと、必ず訪れる場所がある。TSV1860ミュンヘンのクラブハウス。コーチとして7シーズンを過ごした場所であり、僕の指導者人生の原点だ。

グラウンド横のレストランに行くと、なじみのおばちゃんたちが迎えてくれる。チームを離れて10年近くたつが、いまでも僕を覚えていてくれる。

そこへ1860ミュンヘンOBの名物おじさんもやってきた。もう70歳を過ぎたおじいちゃんだが、大変お世話になった人。僕がミュンヘンにやってくると、必ずこのクラブハウスに会いに来てくれる。

レストランの外にあるテーブルに座り、久しぶりの再会に大声で楽しく雑談していると、教え子がやってきた。満面の笑みで寄ってくる彼は、1860ミュンヘンの6番、ドミニック・シュタールだ。いま、日本代表の大迫選手とともにプレーしている選手。2年ぶりの再会に大盛り上がりだ。

僕が在籍していた当時、1860ミュンヘンはブンデスリーガ1部の中堅クラブだった。しかし2004年に2部降格、その後10年間1部昇格を果たせずにいる。その間、数多くの僕の教え子たちが1860ミュンヘンのトップチームでプレーしたが、次々とビッグクラブに引き抜かれていった。いまブンデスリーガ1部で活躍する教え子たちだけでスタメンを組めるくらいの数だ。ドミニックはその状況下でも、唯一古巣で活躍する教え子だ。

そこへ、ディフェンダーのクリストファー・シンドラーもやってきた。僕がここでユースコーチをしていたころ、彼はまだ小学生だった。小学生チームのクリスマスパーティーに招待されると、彼はいつも僕に寄ってきて、ユースのことを聞いてきた。笑顔がかわいらしいちっちゃな子だったが、いまや僕が見上げるほどに成長している。直接彼のコーチはしていないのに、僕を覚えていてあいさつに来てくれるのは、本当にうれしい。

最後に、いま1860ミュンヘンの育成部長をしている昔の同僚に会った。ドイツ代表のラース・ベンダー（レバークーゼン）、スヴェン・ベンダー（ドルトムント）らを、彼と一緒にチームで育てた。事務所内の彼の部屋には、いまもラースとスヴェンの写真が飾られている。

　１８６０ミュンヘンのグラウンドにいる間、何度も育成部門の事務所に行き、彼に会おうとしたが、そのたび秘書の方に「すみません、会議で」と丁重に断られた。多忙な彼のことだから、無理もない。アポもとらず突然あらわれたアジア人のうえ秘書の方とも面識がないし、もう会うのは無理かと半分あきらめていた。

　でも、彼は時間をつくってくれた。突然の訪問に大喜びし、大歓迎してくれた。ありがたい。秘書はビックリだったが……。

　僕にとってドイツは、第二の祖国。ミュンヘン市は、第二の故郷。ここＴＳＶ１８６０ミュンヘンは、第二のわが家だ。そう思える場所があるって幸せなこと。あたたかく迎えてくれる人たちのおかげだ。

　感謝！

ツヴァイカンプ

2014-07-17

ドイツ代表がワールドカップでチャンピオンになった。

ドイツには、"Zweikampf"（ツヴァイカンプ）というサッカー用語がある。直訳すれば「二人の闘い」。ボール際の闘いのことを言う。

相手のボールを奪いに行ったり、逆に相手が奪いに来たり、互いがボールを奪い合う瞬間。体当たりや強烈なスライディングタックルなど、闘志がぶつかり合う瞬間だ。

「ボール際の闘いに必ず勝つ」。僕がドイツで学んだことだ。

そのために、相手選手より1ミリボールに近寄ること。相手選手より0・1秒早くボールに触ること。これを実践していたのが、今大会のドイツ代表だった。

ドイツのサッカーでは、"Zweikampf"は文化だ。

子どもの試合、大人の試合、プロの試合（ブンデスリーガ）、代表の試合――どんな試合でも、ボール際の闘いに勝った瞬間、スタンドから大歓声が湧く。逆に負けたときには、まったく評価されない。

ドイツ代表はアルゼンチンとの決勝戦で白いユニフォームを着用した。試合後のユニフォームは、芝の緑と、土や砂の茶色い色に染まっていた。彼らがシンプルにドイツのサッカーに向き合って、ファイトした証拠だ。その結果、彼らはワールドカップチャンピオンの座を手にした。

ボール際の闘いに勝ち、ゴールを奪う。シンプルだが奥深いのだ。

だから、サッカーはおもしろい！

おらがまちにサッカーがある幸せ

2014-11-15

松本山雅FCがJ1昇格でにぎわっているが、こちらも大注目してほしい。

J3、AC長野パルセイロ。僕がいま住んでいる〝おらがまち〟のクラブだ。

僕のスクールには、パルセイロの選手やサポーターのお子さんも在籍している。スクール生にはいつも、パルセイロの観戦をすすめている。すぐれたプレーを観ることが成長に直結するからだ。サッカー少年は、とにかくプロのプレーをどんどん観て、まねをしよう。

何よりのイメージトレーニングだ。

1860ミュンヘンのコーチ時代、トレーニング前のロッカールームで交わす子どもたちとの会話は、実におもしろかった。

ドイツ人の小学生たちが、いっちょまえに語る。

「コーチ、週末のナカタ（中田英寿、イタリアリーグ）のゴールすごかったね」

「ジダンがアシストした、あのすごいパス、見た？」

ドイツでは、ブンデスリーガだけでなく、ヨーロッパ中の試合のハイライトをテレビで観られる。子どもたちはグラウンドへ出ると、すかさず自分が観たプロ選手のプレーのまねをする。プロのテクニックに近づこうと、一生懸命に練習していた。


ということで皆さん、ぜひパルセイロを観に行こう！

自分たちが観たプレーを、どんどんやってみよう！

パルセイロがJ2へ昇格すれば、いまよりもっとレベルの高い選手たちが対戦相手として長野へやってきます。よりおもしろいサッカーが地元で観られるわけです。おらがまちにサッカーがある幸せが、もっともっとふくらんできます。

レベルの高い試合を観戦すればするほど、世界観が変わる。それがきっと実感できるはず。スタジアムで応援しよう！

「フスバル」はドイツの文化だ

2013-11-28

僕はドイツで約10年間暮らし、ブンデスリーガ・1860ミュンヘンで7シーズン、育成コーチとして過ごした。だが、ドイツに渡ったのは、ブンデスリーガのクラブで指導することだけが目的ではなかった。

「フスバル」（＝フットボール、サッカー）が、ドイツという国でどんなふうに存在しているのかを、住みながら味わい、体感したかった。

ドイツにおいて、フスバルは文化だ。プレーする人、観る人、関わる人、すべての人々の心に大きなインパクトを与える。感動、喜び、笑顔を与えられる存在感、魅力がある。プロの試合に限らず、地域の子どもたちの試合や、おなかの出たおじさんたちの試合も同じだ。

僕はいつの日か、街のなか、生活のなかに、サッカーが身近になる空間をつくりたい。子どもたちが緑の上でころがり、笑顔でサッカーをする。それを家族がお茶を飲みながら笑顔で見守り、語らう。

おじさんたちがサッカーを楽しんだ後、笑顔でビールを飲む。

ヨーロッパサッカーでも日本のサッカーでも、人々がモニター観戦に集まって、ワイワイガヤガヤ談笑する——。

プレーオフのかかった松本山雅ＦＣの最終節、ホームスタジアムのアルウィンで解説させてもらい、またサッカーへの思いが強くなった。

日本でもサッカーが文化となるように尽力しよう！

多くの人々に笑顔があふれるように！

原点はストリートサッカー

2014-11-21

先日、ケルンスポーツ大学時代の先輩が長野にやってきた。アスルクラロ新潟の古俣さん。ドイツで一緒にサッカーを学んだ人である。

彼は、僕のように新潟市でサッカークラブを運営している。サッカー界に生きる先輩であり、独立してサッカークラブを運営している先輩でもある。

「タケのサッカースクール、おもしろいね」

と彼は言った。

「スクールにストリートサッカーの要素がたくさん入っている。子どもたちが自然にやっているよね」

僕や古俣さんは、ドイツでたくさんストリートサッカーを経験してきた。いつでも、どこでも、誰とでも楽しむサッカーのこと。

ドイツでは、空き地、公園、グラウンド、あちこちでサッカーが繰り広げられる。子どもも大人も関係なく、誰でも一緒にサッカーを楽しめる。サッカーをしているところに一人で寄っていけば、「一緒にやるかい？」と聞かれ、逆に「入れてもらえるかい？」と聞けば、必ず入れてもらえる。

見知らぬ人たちが集まり、見知らぬ人を笑顔で迎え入れ、一緒にプレーする。チームのトレーニングじゃないから、監督や審判はいない。ルールもやり方も自分たちで決める。すべてが自由であり、物事を進めるのは自分たちなのだ。

僕はドイツでたくさんの外国人とストリートサッカーをし、この感覚を学んだ。僕のスクールでも、子どもたちには自発的に行動できるよう成長してほしいと思っている。大人からの指示を待つのではなく、自分で見て、聞いて、感じる。そして自ら考え、決断し、行動する。

成功も失敗も、すべては自分で決めたこと。責任がともなうから、何が起きても自分で解決の糸口を探し、解決する。誰それが言ったから、なんて言い訳は通用しなくなる。子どもたちに最も必要な「生きる力」だと思っている。

ストリートサッカーは、楽しむサッカー。独自ルールで良いのだ。もめたり、けんかしたり、泣いたりなんてこともあるけれど、子どもたちは必ず最後は笑顔になる。僕はそのサポート役。子どもたちの笑顔から、勇気と元気をもらう。幸せだ！

ストリートサッカー。忘れてはならないサッカーの魅力の原点を、久しぶりに語った。古俣さん、ありがとうございました。

育成型クラブが見る夢を、現実に

2014-12-05

Jリーグも今週末でシーズンのリーグ戦が終了する。この時期になると、Jリーガーの契約更改のニュースを目にする。そして毎年のように、よく耳にする言葉がある。

「育成型のクラブにしよう」

なぜ多く聞かれるのか。クラブ予算、選手強化につながる話だからだ。

プロサッカー界は、クラブ予算で次年度成績がある程度予想される。これはJリーグに限らず世界共通の話。

予算30億円のクラブと10億円のクラブの力の差をたとえれば、高速道路で300万円の乗用車と100万円の軽自動車で競争するような感じ。勝つために能力の高い選手を雇うには、多大な移籍金と年俸を用意しなければならない。小規模のクラブは予算上、厳しいのが現実だ。だからビッグクラブに対して苦戦する。もちろん例外はあるが、その例外が毎年続くかといえば、難しいだろう。

だから高い移籍金や年俸を払わずに、自前で能力の高い選手を育てる＝育成型のチームづくりを目指すクラブが多くなってきたのだ。ヨーロッパには、そうした育成型のクラブは多い。

しかし！

実際、日本のクラブが育成部門に大きな予算を組んで選手強化している例はまだまだ少ない。少しでもトップチームの予算にお金をまわしたいというのが現実だ。この点で、ヨーロッパとは本当に大きな違いがある。というより「育成の価値観」が異なるのだ。

僕が１８６０ミュンヘンにいたころ、クラブの予算は、年間30億円くらいだった。同じミュンヘン市内にある世界的なビッグクラブ、バイエルン・ミュンヘンは、年間３００億円くらい。約10倍の予算だ。

われわれの年間予算は、ブンデスリーガ1部所属で中堅から下位のほう。資金力ではバイエルン・ミュンヘンにとうてい太刀打ちできないから、独自の育成路線に進んでいた。育成部門にクラブ予算の1割を注いでいたのだ。クラブが1部から2部に降格し、予算が下がったときでも、変わらず1割を維持し続けてくれた。

当時育てた選手たちのなかには、現在ドイツ代表に名を連ねるスヴェン・ベンダー（ドルトムント）やラース・ベンダー（レバークーゼン）、元ドイツ代表のマルセル・シェーフアー、クリスチャン・トレーシュ（ともにヴォルフスブルク）。フランクフルトのアイグナー、マインツのバウムガルトリンガー、シュツットガルトのライトナーらもいる。こんなに多くの選手が世界で、ブンデスリーガで、いま活躍しているのだ。

クラブ予算で1割とは、かなり大きなウエート。ヨーロッパの育成型クラブは比較的総予算が少ないクラブが多いが、高い比率で育成に費用をかける。本音を言えば、少しでも資金はトップチームの強化費にまわしたい。でもそこできちんと育成哲学を持ち、長い目で見て未来へ投資し続けることで、予算規模が少なくても自前で選手を育て、将来的に強豪クラブとも勝負できるようになるのだ。

育成は、すぐに目に見える形となってクラブの収入に結びつきはしない。時間のかかる投資なのだ。

育成には、夢がある。子どもたちの成長を喜び、笑顔になれる未来がある。

おらがまちの近所の子どもが、未来の日本代表選手かもしれない。そんな夢が現実になる日を楽しみに！　本格的な育成型クラブが日本に増えることを願う。

ドイツ・ライフ

留学初日のドタバタ劇

2013-08-16

1995年6月、一人の日本人が初めてドイツ・フランクフルト空港に降り立った。彼は、ドイツ語はもちろん、英語もできない。できるのは日本語だけ。その瞬間が彼——つまり僕の、ドイツ留学のスタートだった。

学生時代に先輩や友達と海外旅行は経験していたが、一人での海外渡航は初めて。ちょっと心細い部分もあるが、自分で決めた留学だからモチベーションは最高潮。外国語ができないのに、期待に満ちあふれていた。

大丈夫、何とかなる！　と、強い気持ちだけで留学に踏み切ったのだ。

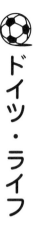

その日の夜に宿泊するホテルは、日本で予約していた。

空港からホテルへはシャトルバスが出ていると聞いていた。そのシャトルバスを探す。しかし、ぜんぜん見つからない。

英語が嫌いだったから、ローマ字に弱い。見るものすべてがローマ字だから、プレッシャーを受ける。いろんな案内を見ても訳が分からんから、人にたずねることにした。場所を聞くのは……Whereか?

通りかかる人に、ホテル名の入った紙切れを見せた。質問する……したい……。しかし、外国人を前にすると言葉が出てこない! 身ぶり手ぶりで何とか伝えようとする。

なかには親切そうな人もいてやさしく対応してくれたが、いかんせん僕の希望が伝わらない。かれこれ20人以上にたずねたと思う。

飛行機を降りてから、既に空港で2時間が過ぎていた。

日本で買った『地球の歩き方』という本に、当時のフランクフルト空港ではスリに気をつけるよ

うにと書いてあった。不安もよぎる。

タクシーに乗れば、ホテルに連れていってもらえる。しかし、これからこの国で生活を始めるのだから、何とか自力で行くのだと決めていた。

日本時間だったらもう真夜中だと考えたら、疲れもどっと出てきた。そんなとき、一人の日本人女性が通りかかった。航空会社の制服を着ていた。日本人とは話をしない、と勝手に思っていた僕だったが、よほど疲れて困っているように見えたらしく、女性から話しかけてきた。

「どうしましたか?」

日本語だった。

「このホテルへ行くシャトルバスを探しているんですが、分からなくて……」

女性は紙切れを見て、

「あぁ、このバス停は分かりづらいんですよ」

バス停までの行き方をていねいに教えてくれた。

「もう2時間くらい探してて……助かりました。本当にありがとうございました」

「どういたしまして」

客室乗務員さんだった。品のあるすてきな女性だった。

言われたとおりに進むと、ホテルのロゴの入ったシャトルバスが停まっていた。やっと見つけた！　これでホテルへ行けるとホッとした。そして、さっきの女性に感謝した。

彼女は別れ際、

「ごきげんよう」

と笑顔を見せてくれた。日本でもこんなにすてきなあいさつを聞いたことがない！　と思うくらい、その笑顔は最高だった。

というのが、僕のドイツ留学初日。

この経験から僕も、海外で困っている日本人を見ると声をかける。

「どうしましたか？」

もちろん笑顔で。

当たり前の親切

2013-08-31

ケルンスポーツ大学に在籍していたときのこと。

バス停で、大学へ向かうバスを待っていた。すると、ベビーカーを押す女性がやってきて、僕の隣に座った。

ベビーカーにはまだ生まれて数か月くらいの赤ちゃんが乗っている。女性は赤ちゃんのママだろう。赤ちゃんは金髪で、目の色は青。肌は透き通るような白。ママに向かって見せる笑顔とクリクリッとした目が何とも言えず、ものすごくかわいい。ずーっと眺めていたくなる。飽きない。


バスがやってきた。僕も女性も立ち上がる。他にも数人がバスを待っていた。バスが停車する。

すると、男性が2人ベビーカーに寄ってくる。彼らはどう見ても家族じゃない。僕はビックリして固まった。ベビーに何をする!!

一瞬の出来事だった。

彼らはベビーカーの下に手を入れ、

「よいしょ！」

ベビーカーを持ち上げてバスに乗せた。赤ちゃんがビックリしないように静かに、やさしく。ベビーカーを押してきたママは、驚きもしない。ママは彼らに、

「Danke《ダンケ》！（ありがとう）」

すると彼らは笑顔で、

「Bitte《ビッテ》！（どういたしまして）」

僕は一部始終を見ていたが、何とも自然だった。女性が助けを求めたわけではない。彼らはスーッと寄ってきて、当たり前のように助けていた。

この後、僕はドイツ生活の至るところでこうした光景を見るようになる。ドイツでは、車いすやベビーカーをみんなでサポートをすることが当たり前なのだ。

何ともすてきで、僕も見習うようになった。サポートした人、された人が、目を合わせ、あいさつを交わす。

「ありがとう」

「どういたしまして」

すてきな言葉だ。この言葉を交わしたとき、必ずやお互いに最高の笑顔になっている。

「お休み」の常識

2013-09-08

「タケオー、日本人は休みなく働くというけど、夏のバカンスは何日あるの？」

ドイツ人のユルゲンが質問してきた。ドイツで知り合った友達だ。

「人によるけど、だいたい3〜5日、長くても1週間くらいかな」

「えっ？　本当？　なんで？　短い！」

「本当だよ」

「冬は？」

「年末年始で、同じくらいかな」

「信じられない!!」

ドイツでは、誰もが1年に2回バカンスをとる。長期休暇だ。夏と冬に各2週間、実に1年に4週間はお休みするのだ。国民にとって当然のことであり、国民の権利である。

　1860ミュンヘンで働いていたとき、クラブハウスの廊下で育成部長に声をかけられた。

「タケオ、俺は明日からバカンスでいないから」

「オーケー。で、どこへ？」

「イタリア南部の海岸」

「いいですねー。何かあったら電話します」

「バカンス中だから携帯電話はつながらんぞ」

「イタリアでも携帯電話持ってるでしょ？」

「いや、家族でバカンスだから」

？？？　常時携帯電話を離さず仕事をしている育成部長。携帯電話のない姿が想像つかない。電話がつながらない？　そんなバカな！　僕はさらに食い下がる。

「じゃあ、メールします」

「タケオ、家族とバカンスでイタリアへ行ってるって。ＰＣなんか持って行かないから、ミュンヘンに帰ってくるまでメールを見ないぞ」

「僕たち仕事にならないじゃないですか」

育成部長、声がだんだん大きくなっていく！

「タケオ、いいか！！！　俺は、バカンスだ！！！」

会話終了。撃沈。

日本は、有給休暇もとりづらい社会だ。僕のなかでは、バカンスで連絡がつかない上司など考えられなかった。

しかし実際に彼のバカンス中、まったく連絡がとれなかった。クラブのスタッフは当たり前のこととして、育成部長の不在期間が自然に過ぎていた。

ドイツでは、有給休暇は国民に与えられた絶対的な権利なのだ。ドイツ人はみんなバカンスを楽しみにしている。半年間働き、2週間のバカンスでリフレッシュする。このリフレッシュがあるから、次の半年間をまたフルに働く。忙しくても、次の休みが保証されているからこそ充実して働くことができる。

休むことは、働くことと一緒。休むことでエネルギーが充電され、リフレッシュすることで新しいアイデアも生まれる。休みは、心身にゆとりを与える。

日本人が見習うべき、ドイツ人の気質である。ぜひ、ドイツの「お休み常識」に習ってみよう。いい仕事、いい笑顔のために！

ビール祭りのスーパースター

2013-09-22

ドイツの旧友、教え子たちが、急にメールで写真を送ってきた。それも相当な数の教え子たちが集まっているではないか。なぜだ？

今週末、ドイツ・ミュンヘンで「オクトーバーフェスト」が開幕したからだ。毎年9月下旬から10月第1週にかけてミュンヘンで開催される、伝統あるビール祭り。世界各国から毎年８００万人が集まる世界最大級のお祭りだ。

会場には、ミュンヘン市のビール会社が10数社、「ツェルト」と呼ばれる巨大体育館のようなお店を出す。一つのツェルトに約６０００〜８０００人が入る。

ドイツ人たちはそこで民族衣装を着て、１リットルの特大ジョッキでビールを飲む。ドイツの民族音楽の生演奏があり、みんなで特大ジョッキを片手に陽気に大声で歌い、踊り、おいしいビールを飲む。

教え子からの写真で思い出した。

僕もミュンヘンに住んでいたとき、１８６０ミュンヘンのＯＢたちとオクトーバーフェストに行った。

僕がトイレから席に戻ってくると、ＯＢたちが騒ぎながら店員にお金を払っている。周囲に日本人などいない。その店員は急に僕の手をつかむと、人ごみの中を引っ張って歩く。何がなんだか分からない。ＯＢたちは大笑いして見ているだけだ。

僕はツェルトの前面、真ん中にあるステージに上げられた。ミュンヘン名物のとんがり帽子をかぶらされ、指揮棒を持たされた。眼下に見える６０００人の目が僕に向けられる。会場は「ヒューヒュー」という指笛の嵐になる。

すると、僕の後ろで民族音楽の生演奏が始まった。

！！！

やっとわかった！

僕は突然、指揮者になった。６０００人が、特大ジョッキを片手に大声で歌いだす。僕はステージの上でドギマギするしかなかった。しかし棒立ちしながらも、「もうどうでもいい……いや、やるしかない！」と腹をくくり、スイッチが入った。

演奏者がみんな僕を見ている。観衆も大勢いる。僕は指揮棒を振ってオーケストラの指揮者のように指揮をした。

気持ちいーーーーーい！　初体験！

すると会場からどよめきが起こり、大歓声があがった。自分はスーパースターかと、僕はその空気に酔いしれた。

音楽が終わると、観衆から盛大な拍手をもらった。僕は大きく手を挙げ、笑顔で応えた。調子に乗ってもう1曲指揮をしようと思ったが、店員に引き下ろされた（笑）。

席に戻ると、OBたちは大満足で、

「Super《スーパー》 Junge《ユンゲ》！（良かったぞ！）」

彼らも、観衆も、僕のダンスちっくな指揮ぶりに大爆笑。しかしとっても気持ちが良かった。ドイツの一大ビールのお祭りで、最高の笑顔になった瞬間だった。

貴重な経験。あんな機会をつくってくれたOBたちに感謝！　再びあのステージに立ちたい気持ちになる僕がいる。

そして今年も、ドイツの旧友、教え子たちはオクトーバーフェストを楽しんでいるらしい。

自分の身を自分で守る

2016-09-18

日本でもここ最近は、一歩間違えば事件に巻き込まれ、命を落とすことがある。かつてヨーロッパで生活した10年の間に、身を守るためのいろんな経験をした。そんな経験をもとに、未来ある子どもたちに伝えたいことがある。

ドイツに渡った1995年、僕はドイツからスペイン南部へ旅をした。ドイツ語の語学学校で知り合った親友、フェルナンドに会いに行くためだ。

フェルナンドはスペイン南部、アリカンテ近くの街に住んでいた。街へ着くと、フェルナンドと、彼の家族や友人たちがあたたかく迎えてくれた。

フェルナンドは毎晩のように僕を飲みに連れて行ってくれて、いろんなお店で彼の友人たちと出会い、楽しく酒を飲んだ。スペイン人は、ラテン系でとても陽気だ。明るく、人懐っこく、とても愉快な気質。日々、彼らから最高のおもてなしを受けた。

しかし、そんな楽しいおもてなしの前に、実はフェルナンドからスペイン南部の街を歩くときの「掟《おきて》」を教えられていた。

初日の晩、家で夕食をとっていると、フェルナンドが言った。

「飲みに行くときは、ズボンのポケット4か所に小銭を分けて入れておくように。俺と一緒のときは大丈夫だけど、飲み屋でトイレに入ったときとか、もしタケオが一人のときに誰かにナイフを出されて脅されたら、相手にポケットの小銭を渡せ！　そうすれば、それ以上は何事もなく終わることがほとんどだ」

一緒に食事をしていた彼のいとこもつけ加えた。

「一緒にいるときは俺たちファミリーが守っているから大丈夫。でも一人になるときは、絶対に気をつけろ！」

フェルナンドの実家の街では、アジア人はほとんどいなかった。僕は街中で浮いていた。彼と出かけると周りの視線が僕に注がれているのをいつも感じたし、良くも悪くも目立つ存在だった。

フェルナンドは言った。

「タケオは、この街でスリのターゲットになりやすい」

当時のスペイン南部は失業者も多く、経済的に貧しい人たちが大勢いた。治安が悪く、スリや強盗が多発。とくに、親がアルコール中毒者の子どもたちは、その日食べるものを得るためにナイフを出し、人を脅して金をせびっていた。子どもが集めてきたお金を親がとりあげ、親はその金でアルコールを買う。親にお金をとられた子どもは、また自分のために金集めをする。

悲しいかな、「子どもにも気をつけろ！」と言われてしまう現実を目の当たりにした。子どもでも、食べるために必死だ。

日本で育った僕は、防犯のためにズボンのポケットに小銭を分けることなどなかった。しかしフェルナンドから、自分の身を守る手段を学んだ。ポケットに分けたお金は数百円程度。その数百円を渡すだけで、危険を回避できるのだと彼は言った。

平和な日本のはずだが、いつ、どこで事件に巻き込まれるかは分からない。だからこそ子どもたちに、自分の身を自分で守ることを伝えていかなければならない。

4 羽ばたく教え子たち

―コーチ人生と「縁」―

厄介なやつほどおもしろい

2013-09-14

ある冬のこと。電話が鳴った。

「ニシさん、こんちは」

湘南ベルマーレ時代の教え子、Tだ。何年ぶりだろう？

「おぉー、ご無沙汰。元気か？」

「元気っす。オレ、いま自動車免許を取りに近くに来ているので電話しました」

「ありがとう、うれしいよ。そんで、どこにいるの？」

「妙高高原っす。合宿で集中的に免許取れるんですよ」

「へぇ。妙高ってスキー場ばかりだろ」

「講習以外はスノボやってます。リフト券もスノボのレンタルも付いているんです」

僕は、彼を中学1年生のころから知っている。子どものころから大人と自然に会話ができる子で、コミュニケーション能力はチームのなかでも高かった。

高校生のころは、サッカー技術の高い子だった。自分なりのサッカー観を持っている子だったから、たまに指導者の要求どおりにやらないこともあった。だから、スタッフと衝突したこともある。まぁ、一般的に言えば、厄介なやつ。

しかし、僕はそういう厄介者が好きなのである。


子どもは自分の感性を持っている。大人の決めた枠組みを飛び越えることもある。日本の社会では、ときにそのような行動は煙たがられるが、僕はそれがその子の強い個性だと思っている。厄介なくらいの人間の方が競技スポーツ、とくにプロになるには向いているのだ。ドイツ時代はそんな子たちばかり相手にしてきたから、厄介者を良い方向へと導いていくと、大きな成長が見えることを知っている。

Tも一筋縄ではいかないやつだ。言うなれば変わり者。でも、僕は手を焼かせるやつだ！　などと思ったことはまったくない。やんちゃな部類だと思うが、僕にとっては、かわいいやつだった。


わざわざ電話をくれたので、数日後、彼の日程に合わせてスキーに出かけることにした。教え子とのスキーは、初めての経験。

「ニシさんには勝ちますよ。オレ、速いっすよ」

「おい、俺は長野県人だぞ。神奈川県人にスキーで負けるわけがないだろう」

「いや、絶対負けないっす！」

生意気さ全開の彼のメンタリティーには感心する。当時は高校を卒業した春休み中で、春から大学に入るというが、生意気な部分は僕がコーチしていたときと変わらない。

自分が住む長野で、教え子とスキーやスノボをやるなんて最高だ。僕がクラブを離れて時間がたっているのに、気軽に電話をくれる教え子に感謝だ。

スキー場で再会！　二人でかなりぶっとばして滑った。教え子が、冬の長野の大自然を楽しんでいる姿がうれしかった。最高の笑顔。とても幸せな時間だ。

「ニシさん、マジ速いっす！」

まだまだ教え子に負けておらず、僕は優越感に浸った。イェーイ！　思わずTに向かってピースだ！

「今度一緒に滑るときは、絶対勝ちます！」

頼もしい教え子だ。僕に面と向かって「勝つ」なんてことを言えるなんて。

教え子とこんな時間をすごせたことに感謝。そして僕はこのときを思い出すたび、笑顔になるのだ。

菊池大介選手との出会い

2014-03-31

昨日のＪ2首位攻防戦、松本山雅ＦＣ vs 湘南ベルマーレ。前半は松本山雅ＦＣが攻勢だったが、湘南ベルマーレは10番・菊池大介の一撃で1－0と先制した。

僕は、湘南ベルマーレ育成部門の指導者をしていたとき、松本市で開催された長野県サッカー協会カンファレンスに地元出身であることが縁で呼ばれた。そのとき初めて、菊池大介の存在を知った。

その時のカンファレンスで、僕は同じ長野県出身の下條さん（現横浜Ｆマリノス・ゼネラルマネージャー）とパネルディスカッションに参加した。僕の目の前、聴講者のなかに2人の外国人がいた。ディスカッション終了後、協会スタッフに彼らは誰なのかと聞くと、フランスの名門ボルドーの育成コーチだという。このカンファレンスで指導者講習会をする予定だった。

しかしあるスタッフが、「実は菊池大介をチェックに来ているんですよ」と言った。すかさず僕は「誰ですか？」と聞いた。

彼は当時、長野県佐久市在住の中学生だった。前年度に長野県選抜の一員としてフランス遠征に行き、そのプレーが現地ボルドーのスタッフの目にとまったらしい。

それから僕は、カンファレンスの受講者に聞いて歩いたり、県内の指導者に電話をしたりして、彼のことを調べた。通常僕は、選手発掘スカウティングの際、自分の目でプレーヤーの確認をする。しかし大介に関しては、プレーをまったく見たことがなかった。


その後ベルマーレに戻り、当時育成部門のリーダーだった曺《チョウ》さん（現湘南ベルマーレ監督）に報告した。そして、当時強化部長だった大倉さん（現湘南ゼネラルマネージャー）が動くことを了解し、大介のベルマーレの練習参加が決まった。

そのときすでに、彼は名古屋グランパスと東京ヴェルディの練習に参加していた。当時、名古屋はJ1のビッグクラブ。東京Vは育成の名門だった。名古屋も東京も、すばらしいトレーニング環境、クラブハウスを持っていた。

僕たちはそこに後から手を挙げた。おまけにライバルがライバルだけに、状況は良くないとも思っていた。しかし最終的に、大介は湘南ベルマーレを選んだ。いまでも不思議な気分だが、彼いわく、ベルマーレの雰囲気がいちばん良かったそうだ。

大介は、高校1年生で親元を離れて越境し、J2史上最年少出場・最年少ゴールという記録を樹立した。

昨日の試合前、湘南ベルマーレの大倉GMのあたたかい計《はか》らいで、選手たちがウォーミングアップの準備をしているフロアに通された。通常はチーム関係者以外立ち入り禁止のエリアだ。

しかし大倉さんはそこで、育成部門育ちの大介と、遠藤航を呼んでくれた。久々に笑顔の二人に会い、僕は激励した。

「あいつら今日、相当気合が入ってるよ」

大倉GMは、そう笑顔で語ってくれた。

昨日、初めて古巣・湘南ベルマーレの解説を担当した。大介と航のプレーを観られることが楽しみで、試合前から興奮していた。言葉にできない感覚があった。そして目の前で、大介が強烈なゴールを決めた。解説者という立場上、もちろん中立なのだが、やはりジーンときた。試合後の大介のヒーローインタビューを放送席のモニターで観ながら、思わず目頭が熱くなった。本当にうれしい瞬間だった。

大介、ありがとう！　これからも応援してるよ！

コーチは僕の天職だ

2014-04-15

新年度のスクールがスタートした。

スクールを終えた帰路、なんとなく心が晴れやかだ。幼児と小学生の2コマのスクールを行なって本当は疲れていたはずだ。しかし心がスーッとしていた。心地よい疲労感だ。

僕は、子どもたちのサッカーを見ている時間がとても好きだ。彼らはサッカーをしているとき、プレーに集中している。必死な顔だったり、ゴールを決めて満面の笑みだったり、試合に負けてふてくされたり、さまざまな表情を見せる。子どもたちのようすを見ていると、心が穏やかになるから不思議だ。子どもには人をひきつける大きな力がある。

3月末から4月初旬は、新年度のスクールの準備で膨大《ぼうだい》な事務作業に追われた。それ以外にも、子どもたちがサッカーをやるために、いろんな所に行っては人に会い、お願いをし、施設の調整をしたりする。僕はもともと時間に追われることが嫌いだ。つくづく思う。僕は事務作業に向いていない。

子どもたちとグラウンドで過ごす時間は最高だ。彼らの笑顔から、大きなエネルギーをもらうことができるからだ。その笑顔は安らぎも与えてくれる。そんな笑顔を見せてくれる子どもたちに感謝する。

子どもたちにサッカーを教えることは、僕の天職だと思っている。サッカーを通じて、スポーツを通じて、いつも暮らしや社会に笑顔があふれたらいいなと思う。

僕はそのために、「ドイツサッカースクール」を立ち上げたのだから。

サッカーの神様に感謝!

2014-08-09

先日、スクールを終えて撤収作業をしていたら、長身の男性が目の前に現れた。暗闇からニョキッと出てきたので、一瞬びっくりした。

誰だっ!!

なんと4年前に僕が指導した教え子、Yではないか。当時は中学生だったから僕よりも背が小さかったし、ヒョロヒョロだった。しかし、いま目の前にいる彼は、僕と身長も変わらず、身体もがっちり。驚いた。

久しぶりに再会し、しばし雑談した。いまは予備校に通い勉強が忙しいようだが、笑顔は昔のままだった。

その翌日。電話が鳴った。出ると、Yと一緒にプレーしていた教え子のTだった。彼は中学卒業後、Jリーグクラブのユースチームに進み、いまは大学生となってサッカーを続けている。

「長野に帰ってきたんですけど、今日、西村さんのスクールありますか？」

と聞いてきた。その後、彼はスクールにやってきて、小学生たちと一緒にサッカーをしてくれた。小学生にお手本を見せ、自然と子どもたちに声をかけ、指導してくれた。声がでかくて、元気が良くて、明るくて、彼も昔と変わらずだった。

さらに先日、湘南ベルマーレ時代の教え子たちからも電話があった。いま大学3年生のMは、大学卒業後、ドイツに行きたいと相談してきた。大学2年生のRは、神奈川でサッカースクールのコーチを始めたようで、僕のスクールを見たいと言ってきた。そして来月、長野にやってくるという。二人を見ていたのは彼らが中学1年生のときだったから、すでに8年がたっている。

人との出会いは、運だ。

僕が会いたいと思って出会った人もいるが、ほとんどが縁だ。世界に72億人以上の人間が生きているなかで出会うのだから、すごい確率だ。そんな奇跡的な瞬間を得て人は、人に出会っている。

僕にとって、教え子はみんなかわいい。アメリカ代表でワールドカップに出場した教え子も、長野で予備校に通っている子も、関東で大学に行っている子も、働いている子も、専門学校生も、みんな大事な教え子だ。

彼らが、たまにでも連絡をくれることは本当にうれしい。近況報告を聞くだけでもうれしい。サッカーのコーチをしてきて良かったなぁと思える瞬間だ。連絡をくれる彼らに感謝だ。

彼らと一杯飲める日も近いなぁ。楽しみだなぁ。

教え子たちと飲む酒の味は、格別だろうなぁ。

教え子たちとは、サッカーを通じてご縁があったのだ。サッカーの神様に感謝。

パルセイロ・ジュニアユースの教え子

2015-03-06

先日、スクールに教え子のKがやってきた。

僕がAC長野パルセイロ・ジュニアユースで監督をしていたときの教え子だ。当時のパルセイロは高校生のユースチームがなかったから、彼は中学卒業後、松本市の私立高校へ越境進学した。今春には高校を卒業して大学へ進学し、またサッカーをするという。

僕が出会ったとき、彼は13歳とまだ幼かったが、いまでは身体も存在感もすっかり大人っぽく成長した。彼がいきなりスクールにやってきたので、子どもたちは「コーチ、この人だれ!?」と叫びながら、興味津々だった。

そしてその後はさすが小学生。気軽にKに話しかけ、一緒にボールで遊び始めた。Kは小学生たちの輪に溶け込んでプレーをしていた。昔、僕が彼を指導していたころと変わらないような感覚だった。

Kは、AC長野パルセイロ・ジュニアユースを長野県で初めてのチャンピオンに導いたときの立役者だった。当時中学2年生。そして彼が3年生の時も、2枠しかない代表権を獲得し、2年連続で北信越大会に出場した。大事な試合、大事な場面で必ずゴールを決めるストライカー。彼のゴールで、僕たちは勝ち上がることができた。

当時の彼は、練習が終わるといつも、チームメイトを誘って黙々とミドルキック、ロングキックの自主練習をしていた。われわれコーチングスタッフに「自主練しろよ」と言われたことはない。逆に、「もう夜遅いから早く帰れよ！」と言われる方が多かった。キックがうまかったのは、彼が自ら練習をしていたからだ。

それに彼は、最初に出会ったころチーム1、2を争うくらい走るのが苦手だったのに、3年生の終わりごろには、逆にトップを争うくらい走れるようにもなっていた。トレーニングではボールなしの走り練習をすることがほとんどなかったから、私生活を見ていなくとも彼が苦手を克服するために努力をしていたことは分かっていた。現に、練習のない日には、一人で自宅周辺を走っていたらしい。

今回、小学生たちはKのうまいプレーを見て、今後まねをするだろう。彼と一緒にプレーした印象は子どもたちの心に残る。

スクール後、Kからひとこと話してもらった。彼は子どもたちに、

「もっと自主練をして、もっとうまくなってください」

とメッセージを送った。彼の言葉は、子どもたちの心にも響いただろう。

僕の哲学①

2015-07-15

体験にやってきた保護者の方に、僕のスクールの説明をした。

僕には、ブレることのない哲学がある。子どもたち一人ひとりに笑顔があふれる活動をすること、僕のスクールを終えて、子どもたちが「楽しかった」と思える活動にしたいということ。そのことはスタッフにも共有させている。

僕が指導してきたなかには、プロサッカー選手になった子たちが大勢いる。プロになろうとする彼らには、本当に厳しく接してきた。叱咤も口論も日常茶飯事。その選手たちは日々の厳しい練習に耐え、また高い要求をもこなしていった。しかしいつの日も、僕や教え子たちにはサッカーを楽しむ心があった。

世界中に広がるサッカー。なぜするのか？　サッカーが楽しいものだから。

たった1個のボールさえあれば、大人も子どももみんなが一緒に楽しめる。プレーする人、観る人、関わる人、みんなが楽しめるのがサッカー。

僕のスクールでは、とにかくみんなが楽しく遊ぶことを第一に考えて、活動しています。サッカーに笑顔ありです！

僕の哲学②

2016-04-22

先日トレーニング視察へ来たSさんに、熱く語ったことがある。

「子どもの指導をする際に、何を大事にするのか？」

能力が高い子には、彼らが高校を卒業するとき、あるいは大学を卒業するときに、どのような選手になっていてほしいかを考えている。つまりそれは、プロになるにはどうあるべきなのかということ。

誰でも目先の試合に勝ちたいものだ。しかし、チームとして勝つために行なうトレーニングと、個々を育てるためのトレーニングは異なるときが多くある。

そんなとき僕がどちらのトレーニングを選ぶかといえば、もちろん後者だ。長くプロクラブで働き、コーチとして子どもたちをプロ選手に育てた経験から、目先の勝利よりも、育成に集中している。どう子どもたちを育ててプロにするかに頭を集中させ、日々真剣に彼らに向き合ってきた。

プロ選手になる子どもは、なれない子よりも圧倒的に少ない。プロ選手になった教え子は、僕が指導した選手たちの1パーセントに満たないだろう。99パーセントの教え子たちは、プロ選手になれず社会人になっている。それほどプロになるのは難しい。Jリーグの某監督は、「プロサッカー選手、J1リーガーになるのは、東大へ入学するより難しい」と語る。

サッカーの試合には勝敗がある。だから勝利を求めてトレーニングをしなければならない。指導者は勝利を追求したくなる。それは当前のことだが、少年サッカーの現場では、子どものためにもそうあるべきかを自問自答することが必要だろう。勝利だけではなく、常に子どもたちの将来を考えながら指導しなければならない。

指導者は、子どもたちの未来に接している。子どもたちにたくさんの可能性が広がるように、僕は指導をしていく。

僕の哲学③

2016-10-24

スクール前に、スクール生のお母さんと談笑した。

「ちょっと早すぎましたか？」

開始時刻よりもかなり前だった。どうやら息子さんは早く会場に来てボールを蹴りたがったようだ。

息子さんは、スクール入りたてのころ、転倒したらいつも痛がって、しばらく倒れたままでいた。しかし最近は、ちょっとくらい痛くても、そのままプレーを続けることができるようになった。よく痛がって年上の子たちにも面倒をみてもらっていたせいか、最近は自分より年下のチビちゃんたちの面倒をみるようにもなった。明らかに人として成長している。


僕はいままで、サッカーを通じてたくさんの子どもたちを指導してきた。サッカーのコーチとしていつも、プロ選手を輩出するつもりで子どもたちに関わっている。なかには実際プロ選手になった子たちも大勢いる。

プロになるか、ならないか？

どちらが多いかと言えば、もちろんプロにならなかった子の方が圧倒的に多い。だから、子どもたちの技術や戦術の向上はもちろんだが、それよりも人間性の成長を強く求めている。

僕は、サッカーをビジネスにして人に関わりを持っているのではない。人に関わりを持つことをビジネスとして、ツールとしてサッカーがある。

子どもたちがサッカーにおいても、人としても、成長できるように導く。些細《ささい》なことでも子どもが成長することに関わる、それが喜び。子どもたちに笑顔があふれることがうれしい。子どもたちに笑顔があふれれば家族も笑顔になり、われわれスタッフも笑顔になる。

自分に関わるみんなが笑顔にあふれていられるように――。僕はそのためにサッカーコーチとして生きているのだと思う。

さすがだ！　遠藤航選手

2016-12-20

先日、僕のスクールで『遠藤選手と遊ぼう！』を開催した。浦和レッズの現役J1リーガーであり、リオ五輪サッカー日本代表キャプテン、僕の教え子でもある遠藤航選手に出演を依頼した。

目的は、二つ。

子どもたちに笑顔を届けたい。

子どもたちに夢を与えたい。

航はJリーグのチャンピオンシップを終え、オフシーズンに入っていた。プロサッカー選手が1シーズンの激闘の疲れを癒やし、リフレッシュをする期間。しかし彼は、その期間もイベント出演などで多忙を極める。そんななか、遠く長野のスクールイベントへ来てもらえるかと聞いてみたところ、快く引き受けてくれた。

僕は小学生だったころ、地元の松本市で開かれた元プロサッカー選手・セルジオ越後さんのサッカー教室に参加したことがある。すでに現役を引退し、おなかの出ていたセルジオさんだったが、一緒にサッカーをしたことを僕はいまでも忘れてはいない。たぶん、今回の子どもたちも、現役プロ選手の航と一緒にサッカーで遊んだことが深く記憶に残るだろう。

イベント終了後、僕は、体育館内のゴールとマーカーを片づけるように子どもたちに指示をした。すると、真っ先にゴールを運びだしたのは、航だった。

その光景を見て、彼が高校生だったころを思い出した。彼がトレーニングに向かう姿勢は、真剣そのものだった。トレーニング前後も黙々とボールを蹴っていた。チーム用具の準備や片づけなども、常に率先して行なっていた。サッカーが上手だとか下手とかではなく、常に向上心があり、人が嫌がるような雑用もきちんとできる高校生だった。その姿は、Jリーグのビッグクラブである浦和レッズの選手になっても、まったく変わっていない。さすがだ。

スクール生や保護者の方にそのような彼の姿を見てもらえていたら、なおうれしい。航に接して、将来プロサッカー選手を夢見る子どもたちは笑顔であふれていた。Jリーガー、日本代表の存在を身近に感じ、子どもたちが努力して夢への階段を一歩ずつ上がっていってくれたらうれしい。

来季、航の試合を観に多くのスクール生たちが埼玉スタジアムを訪れるだろう。子どもたちに笑顔と夢を届けてくれた航に感謝している。

有言実行するからこそ

2016-12-21

「今後の目標は？」

先週末、教え子の遠藤航と話していたとき唐突に聞いてみた。

「来年は、Jリーグでチャンピオンになります！」

航は、はっきりと答えた。

先日行われたJリーグ・チャンピオンシップで、彼が所属する浦和レッズは鹿島アントラーズに敗れてJリーグチャンピオンの座を逃した。リーグ戦の年間勝ち点で15ポイントも上回ったものの、最後は悔しい思いをした。だからこその発言なのだろう。


航とはこれまでも、夢や目標について話してきた。

彼は高校生だったころ、「プロになる」と言った。そしてプロ選手になった。湘南ベルマーレでプロ選手として活躍しだしたころは、「いつかビッグクラブで試合に出て活躍し、いずれ世界へ行く」と言った。航は日本でも指折りのビッグクラブ、浦和レッズへ移籍した。

リオ五輪アジア予選前には、

「必ずアジア予選を突破しオリンピックへ行く」

航はオリンピックへ行った。湘南から浦和へ移籍した後は、「レッズでレギュラーをとる」航はレギュラーに定着した。夏に取材で会ったときのインタビューでは、「レッズでタイトルを取り、世界へ行く」航は、リーグ戦で年間1位になった。（チャンピオンシップは残念だったが）

彼は常に先を見据えて明確な目標を設定し、僕に公言してきた。そして、その目標のほとんどを達成してきている。

有言実行。この国は「不言実行」の方がなじみだ。有言した後にできなかったりしたら恥ずかしいと思ってしまうのが日本人。だから語らずして実績だけほめられることを選ぶ。

しかし、ヨーロッパでは有言を求められる。有言することで自分に対する責任を持つためだ。その結果、失敗しても揶揄《やゆ》されることはない。むしろ自分の意見をはっきり持って、人に伝え、行動しなければ認められないのだ。遠慮していたら、存在感すらない。

航はいつも、明確な目標をさらりと口にするが、その目には強い力がある。その陰には並々ならぬ努力があるだろう。有言実行する航を、あらためてすごい男だと思う。

《ドイツ遠征ダイジェストレポート》

スクール生、ドイツへ！

2014年。僕がかつてコーチを務めていたブンデスリーガ・TSV1860ミュンヘン育成部門のトレーニングに参加すべく、スクール生のSくん（当時小学4年生）とTくん（同6年生）を連れ、ドイツへ渡った。

トレーニング参加 −DAY3−

2014−08−28

ドイツに到着して初めての夜。夜中の3時、子どもたちが「寝れなーい」と僕の部屋に入ってきた。前日に成田からミュンヘンへ約20時間の移動をして疲れているはずだが、早々と目が覚めたようだ。ちなみに、僕は23時にベッドに入ったが、夜中2時半には目が覚めてしまった……。みんな完全な時差ボケだ。

初めての朝。さっそく7時から買い出しにでかけた。パン屋、スーパーなどが早朝から営業している。スーパーに入り、コインを入れて買い物カートを取ると、初海外のTくんは、「カートにお金がかかるんだね」と驚いていた。ドイツで10年生活した僕には当たり前のことだが、確かに日本とは違う。ちなみに、カートを返却するとコインは戻ってくるしくみだ。

朝食を食べてから、地下鉄とトラム（路面電車）を乗り継いで、1860ミュンヘンへ向かった。

今回の遠征の目的の一つは、子どもたちがドイツのクラブでサッカーのトレーニングに参加すること。ドイツ語も英語もできない日本の小学生をドイツのクラブへ入れ、練習させるのだ。

僕は古巣にお願いした。こんな練習参加は通常では受けないが、「タケオの頼みなら」と快く受けてくれた。感謝だ。今回の子どもたちにとって、最高の舞台だ。

午前中のトレーニング。

ドイツ人の子どもたちは、言葉ができなくても、日本人の二人に積極的に関わる。日本の二人は常に一歩引いている。海外でサッカーをするのは初めてだから無理もないが、日

1860ミュンヘンのウェアに着替えると、なかなか格好いい

トレーニングスタート!

本とドイツの民族性、文化の違いを感じた。
Tくんと S くんは、言葉がまったく通じないが見よう見まねでプレーしていく。そして、照れながらではあるが、ドイツ人の子どもたちに少しずつ関わろうとする。この経験が大切だ。世界では、自分から動かなければ前に進むことはできない。

午前中のトレーニング後、参加させてもらったチームの昼食に招かれた。

ここでもドイツの子どもたちは身ぶり手ぶりを交えて、Tくんと S くんにコミュニケーションをとる。やはりヨーロッパは地続き。子どものころから気軽に国外へ行ける環境にあるからか、コミュニケーション能力も高い。しかし時間とともに、日本の二人も表情でコミュニケーションをとろうとしていた。

昼食後は、チームミーティングにも参加させてもらった。ドイツ語だから、二人ともまったく内容は分からない。二人は、コーチの質問に積極的に手を挙げてコメントしているドイツの子どもたちの姿に驚いていた。ミーティング後、Tくんは、手の挙げ方も日本とは違うと僕に語る。何かを感じたのだ。すばらしい。

午後のトレーニング後は、海外で初めての買い物。二人はずっと、ファンショップでの買い物を楽しみにしていた。

チームミーティング風景

僕は向かいのカフェの庭でラテ・マキアートを飲みながら、「自分たちで行ってこいよ」と伝えた。Sくんは、「じゃあどうすればいいの？　何て言えばいいの？」と言ってきた。僕は「まぁ、自分でやってみな！」とだけ伝えた。Sくんは財布の中身を確認し、Tくんと一緒にファンショップへ。ショップはクラブ施設内にあり、僕にとってはわが家だから、言葉のできない小学生だけで買い物に行かせても問題ないと分かっていた。

しばらくすると、二人は本当にうれしそうに笑顔で戻ってきた。言葉の通じない場所で買い物ができた達成感があったのだろう。何事も経験して学んでいく。大人の手を借りずに何かを達成できれば、大きな自信となる。また一つ成長した瞬間だった。

バイエルン・ミュンヘン訪問　–DAY4–

2014-08-29

1日のスタートは買い出しから。朝7時、8月だというのに吐く息がうっすらと白い。毎朝、焼きたてのドイツパンを買いに行く。道路までパンのいい匂いがする。そしてスーパーでは、子どもたちがパンと一緒に食べたいものを選ぶ。いろいろ食べてみた二人の

朝の買い出し。焼きたての
ドイツパンを手に入れたら、
スーパーへ

朝食後、街へ散策に出かけた

お気に入りは、コショウ付きのサラミとゴーダチーズ、そしてフルーツ入りのヨーグルト。

朝食後、街を散策した。

ゼンドリンガー門。マリエン広場。ミュンヘン市の市役所も、すごい迫力だ。このような芸術を見ることも今回の目的だ。


午後はバイエルン・ミュンヘンを訪問。受付では、チャンピオンズリーグのカップやブンデスリーガ優勝のマイスターシャーレが飾られていた。

残念ながらトップチームはお休み。子どもたちは、シュヴァインシュタイガー、ノイアー、ロッベン、リベリー、ラームに会えずがっくり……。すると目の前を、1台のアウディが通り過ぎる。監督のペップ・グアルディオラだ。子どもたちは大喜び。

僕は教え子のアンディ・レッセルに遭遇。いま、天下のバイエルン・ミュンヘンでセカンドチームのゴールキーパーをしている。約10年ぶりの再会に感激した。


その後は1860ミュンヘンへ。Tくんは、昨日に続いてのトレーニング参加。2日目ということで、前日の緊張感はとれてパフォーマンスも向上。ガンガン走っている。なかなか良い。

ミュンヘン市のシンボルともいえる市役所。
美しくも迫力あるたたずまいだ

それを見ていたトレーニングのないSくん。刺激を受けたようで、自主トレを開始。１８６０ミュンヘンの選手たちがトレーニングをするピッチ。その芝生も堪能していた。

1860ミュンヘン再訪 −DAY5−

2014−08−30

今日は、朝から１８６０ミュンヘンを再訪。

子どもたちと一緒に、僕の昔のパートナー、ヴォルフィーを訪ねる。現在、彼は１８６０ミュンヘン育成部門の責任者。今回のTくん、Sくんのトレーニング参加に協力してくれた人だ。

二人はヴォルフィーに、トレーニングに参加させてもらったお礼を、片言のドイツ語で伝えた。緊張しながらも自分でできた。

二人は、その部屋に飾られていた3枚のパネルに注目していた。ドルトムントの６番スヴェン・ベンダー。ニュルンベルクの10番ティモ・ゲプハルト。レバークーゼンの８番ラース・ベンダー。この三人は、彼らがユース時代、ヴォルフィーと僕が指導した選手たち

バイエルン・ミュンヘンの受付に飾られているマイスターシャーレ

Sくん、1860ミュンヘンの選手たちが使うピッチで自主トレ中

だ。1860ミュンヘン育成部門の誇りでもある。

ヴォルフィーは、僕が連れてきた日本の子どもたちにも、とてもあたたかかった。「楽しかったかい？」と笑顔で声をかけ、子どもたちにプレゼントまで持ってきてくれた。心づかいに感謝だ。そして、このような仲間と一緒に仕事ができたことを誇りに思う。

僕はいつも思う。多くの方々にお世話になっている。常に感謝の念を忘れてはいけない。ドイツと日本。言葉、民族性、文化も異なる国々だが、心がつながっていると感じる。一緒にいた子どもたちも、そのあたたかさを感じてくれただろう。ドイツは日本とそう遠くないと感じてくれたら、僕はうれしい。


その後、1860ミュンヘンのトップチームのトレーニングを見学した。教え子のドミニック・シュタール。1860ミュンヘンは2部に落ちて約10年近くたち、育成部門から育った多くの教え子たちは、クラブを後にした。ドミはいま、1860ミュンヘンでプレーする唯一の教え子だ。子どもたちがドミの方へ寄って行くと、彼は日本語で「コンニチハ」と笑顔で声をかけてきた。

子どもたちがボールを拾うと、「アリガトー」と答える。ドイツ人のブンデスリーガーがいきなり日本語を話すので、二人は驚いて返事ができなかった。そのようすにドミと僕は爆笑。彼の日本語記憶力には感心した。

　彼は、明るく、人懐っこくて、ユース時代、よく僕に日本語を聞いてきた。僕に日本語であいさつしてくれていた。いまでも昔と変わらず謙虚な人柄がにじみ出ていた。

　子どもたちにサインを書き、最後に選手カードをプレゼントしてくれた。ビックリしたのは、日本語で自分の名前を書いていたこと。

「タケオ、これで合ってる？」

　脱帽だった。そしてドミは、ユース時代に札幌遠征したときのことを楽しそうに語りだした。日本を好きになり、また日本に行きたいと言っていた。近いうちに長野に遊びに来てくれるだろう。必ず！

　トレーニング後、インタビューを受けているのはクリストファー・シンドラー。僕がユースコーチだったとき、彼はまだちっちゃなジュニア選手だった。いまでは僕が彼を見上げるほどに成長している。彼も人懐っこい子で、クラブハウスやグラウンドで会うと、すぐ寄ってくる子だった。あの〝ちっちゃなクリストフ〟がいま、日本のジュニアたちに話しかけながらサインを書く。不思議な感覚だ。

　子どもたちはプロサッカー選手のドミとクリストフに会えて感激し、大喜びだった。もちろんサインを書いてくれる選手にお礼を忘れない。すでに「ダンケ！」と自然に言えるようになっている。

僕がコーチとして育った場所に、日本の自分のスクールから子どもたちを連れてきた。

TSV1860ミュンヘンには、こんなことわざがある。

Einmal《アインマル》 Loewe《レーヴェ》, immer《インマー》 Loewe《レーヴェ》!（一度獅子になったら一生獅子だ！）

レーヴェ＝獅子は、1860ミュンヘンのシンボルだ。二人が、この獅子を感じてくれたらうれしい。

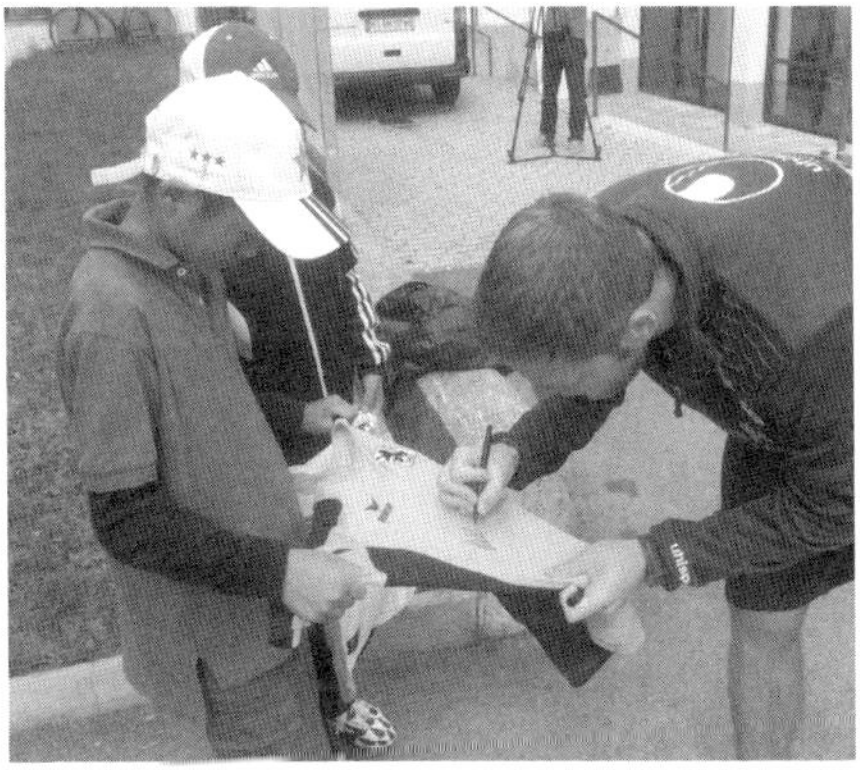

サインするドミ。まさか日本語でも
名前を書けるとは!

獅子は1860ミュンヘンのシンボル

サッカーの原点 ーDAY8ー

2014-09-06

ミュンヘン市庁舎のあるマリエン広場とオデオン広場の間、いわゆるミュンヘン繁華街のど真ん中。いつも大勢の観光客でにぎわっている場所に、芝生のちょっとした公園があった。

そこでTくんとSくんは、ボールを蹴り始めた。宿泊先を出る前に、Tくんがリュックサックにボールを入れてきたのだ。

繁華街にあるオープンな公園だから、真横を普通に歩行者が通る。そして、公園脇に置かれたたくさんのベンチでは、多くの人がのんびりとした時間を満喫していた。この優雅な時間の使い方は、ドイツらしい文化だ。

二人がボールを蹴っていると、日本人らしき子どもが彼らに寄ってきた。三人で何かを話しているが、寄ってきた子のジェスチャーは徐々に大きくなりだした。どうも彼の話す言葉は日本語ではなく、日本人でもないようだ。身ぶり手ぶりで彼らなりの意思疎通がなされたらしい（笑）。三人でボールを蹴り始めた。

すると次は黒人の子がやってきて、一緒に蹴り始める。さらにその子の兄弟も。芝生に寝転がっていた彼らのお父さんは、いつしか笑いながらスマホでその光景を撮影していた。

これぞ、ストリートサッカー!

今度は、金髪の少年が混ざってきた。日本人の子どもがたった2人で始めたはずが、時間がたつにつれ、何と気づけば20人くらいでボールを蹴っているではないか。

これこそ、サッカーの原点である「ストリートサッカー」だ。言葉が通じない者同士でも関係ない。子どもたちはとにかく無邪気に楽しそうに、1個のボールを追いかけていた。公園にいた大人たちも、その光景を楽しそうに見守っていた。すてきな時間だった。

ドイツ遠征を終えて

2014-09-09

「ドイツ遠征で一番楽しかったことは何だ？」

帰りの飛行機の中で、二人に質問してみた。

ドイツ遠征前、僕が狙っていたのは、子どもたちに世界を身近に感じさせることだった。世界では、日本の常識とはかけ離れたものがたくさんある。むしろ、日本の常識が世界の常識ではないことばかりだ。それを僕は、外国に出て学んだ。子どもたちにも、同じように感じてほしかった。

今回の遠征で、子どもたちはプロリーグクラブのトレーニングに参加した。そしてプロの試合（ブンデスリーガ）を3試合観た。さらに、街を散策したり、買い物したり、ドイツ人のお宅にお邪魔したり。本当に忙しくさまざまな体験をしたと思う。

ドイツ遠征で一番楽しかったことは何か？

その答えは、なんと二人とも「ストリートサッカー」だった。僕は、その答えがうれしかった。

ミュンヘンの中心地にある公園の芝生で、さまざまな人種・民族の子どもたちが自由に集まり、一緒にボールを追いかけた。子どもたちも体感したに違いない。ストリートサッカー、そこに「世界」があった。

「今回のドイツ遠征で、たくさん試合も観たし、サッカーのトレーニングもしたけど、一番楽しかったのは、公園で、ぜんぜん知らない子たちと一緒にやったサッカーだよ！」

子どもたちは、ドイツからの帰路でそう語った。

世界は広い。だけど、遠い所ではない。むしろ近くに感じることができれば、大成功だ。

「ストリートサッカーが一番楽しかった」

この言葉こそ、今回のドイツ遠征の成果としよう。

（取材日2017年10月25日）

《鼎談》遠藤航×菊池大介×西村岳生「僕らのサッカー、僕らの子育て」

サッカー界で活躍する若き2選手——遠藤航、菊池大介。縁あって僕が彼らに出会ったのは、湘南ベルマーレユースでコーチをしていたときだ。航は僕の教え子であり、大介は僕の故郷・長野で見つけた逸材。二人との縁はいまでも続いている。

次代を担う期待の選手として羽ばたく彼らに、サッカー人生の第一歩を踏み出した少年時代のこと、家族や子育てのことなど、ふだんあまり聞けない話を語ってもらった。

プロフィール

遠藤 航　えんどう・わたる（写真左）
プロサッカー選手、1993年2月9日生まれ。神奈川県横浜市出身。2009年、U-16で初の代表入り。U-23日本代表として16年リオ五輪キャプテンも務めた。2017年現在、日本代表招集選手の一人。プライベートでは3児の父。
▶サッカー歴：南戸塚SC-南戸塚中－湘南ベルマーレユース（2008-10）－湘南ベルマーレ（10）▶プロ歴：湘南ベルマーレ（11-15）−浦和レッズ（16〜）

菊池大介　きくち・だいすけ（写真右）
プロサッカー選手、1991年4月12日生まれ。神奈川県横浜市出身。2007年、高校進学と同時に湘南ベルマーレユースに入り、同年にトップチーム昇格を果たし、7月7日J2最年少出場を達成。翌08年、J2最年少得点を記録。鼎談3人の中では唯一の独身。
▶サッカー歴：就将SC（鳥取県米子市立就将小）－佐久サームFC（長野県佐久市立浅間中）－湘南ベルマーレユース▶プロ歴：湘南ベルマーレ（2007-16 ※10年はザスパ草津へ期限付き移籍）−浦和レッズ（17〜）

サッカーとの出会い

西村 二人とも、忙しいなかありがとう。今日は大介と航の子どものころの話とか、家族との関係、子育てについてなどを中心に聞きたいと思います。

さっそくだけど、まず二人がサッカーを始めたのはいつごろ？

菊池 僕は横浜で生まれて、幼稚園の年中のとき。サッカースクールみたいなところに行きました。

遠藤 僕は小1ですね。少年団。

西村 それは自分が行きたかったの？

菊池 いや、ぜんぜん。最初は親に連れて行かれて、何もしないでポツンと立っているだけで。

西村 うちの子と一緒だな。航は？

遠藤 僕は、自分から「やりたい」と言って行きました。母親は僕がサッカー好きなの知ってたし、幼稚園のころからボールは蹴ったりしてたんで、「やってみる？」と。

西村 そこでお父さんがコーチを？

遠藤 のちに。父親がコーチになったのは3、4年生くらいのときです。

西村 二人はスタートがぜんぜん違うね。僕のサッカースクールは、ほとんど親が連れてきて始めている。

遠藤 僕は父親がサッカーやっていたのもあって、よく見に行ったりしてたし、サッカーになじみはあったんです。

西村 大介のご両親は？

菊池 うちは野球とバスケの経験者なんで、

サッカーはぜんぜん。

西村 だとすると、なんでサッカーへ連れて行ったんだろう？

菊池 おじさんが埼玉在住で、浦和ファンなんです。おばあちゃんちに行ったときに、海外のゴール集とかサッカーの動画をいろいろ見せてくれて（笑）。その流れで、ちょっとスクール行ってみよっかって。

西村 でも最初は何もしなかったと。

菊池 ぜんぜん。ルールも知らなかったくらいだから。

実はTVゲームも好きだった

西村 サッカー以外の習いごとは？

菊池 スイミングだけです。それも親が。

遠藤 僕も。幼稚園から。すごく仲が良かった友達が通っていることを母親から聞いて、僕も一緒に！と。

西村 どのくらい続けたの？

菊池 小1から始めて、小学校卒業するまでずっと。最初は本当に嫌だったんですよ。苦しいし。でも高学年くらいからけっこう速く泳げるようになっちゃって、市の大会でも上位に入るような。平泳ぎで。

遠藤 しかも平泳ぎ！

西村 大介が泳ぐの得意だなんて、初めて知った。

遠藤 僕は、4年のころやめました。サッカーをもっとやりたかったから。クーバー（※1）を始めたんです。小学校のチームは週2回と土日だったんですけど、増やしたくてクーバーを週2日入れて、月曜だけ休んであとは毎日サッカー。
西村　航はサッカーをもっとやりたかったから スイミングをやめて、大介は結果が出ていたからスイミングも楽しくて、サッカーと並行でやってたんだね。
西村　ほかに、子どものころの楽しみは？
菊池　小学生時代は、とにかくサッカー。あとは父親とのキャッチボール。父親は自分が野球やってたから、すごく野球やらせたかったんだろうな。たぶん。
西村　でもお母さんはサッカーに連れて行ったという。
遠藤　(笑)。お父さん、野球に連れて行こうとしたことなかったんですか？
菊池　ぜんぜん。
遠藤　僕はサッカーも好きだったけど、友達を家に呼んでテレビゲームやったり。
菊池　僕も好きでした。家に帰らないで友達の家でゲームやってましたもん。あとは、みんなで野球をしたり。
遠藤　いまはやってないけど、当時はめちゃくちゃゲームやってましたよ。中学時代はどちらかというと一人で楽しむようになって、ドラクエとか、ポケモンとか。
西村　知らなかったなぁ。大介も航もゲームが大好きだったなんて。

※1　(株)クーバー・コーチング・ジャパンが運営するサッカースクール

勉強は「自発的に」が大事…？

西村　子どものころ、親にやらされたことってある？　しつけの面とか。

菊池　やらされた……？　勉強っす。
遠藤　ハハハ。
菊池　サッカーとスイミングやって、それとは別に、航みたいにガイナーレ鳥取のスクールにも行ってたから勉強はしてない（笑）。小学校のときはまだよかったけど、中学校のときはもう本当に……。
　しかも小中学生のころなんて、一応プロを目指してはいたけど、鳥取や長野だとそういう存在も身近になかった。実感みたいなものはまったくなかったから親も心配して、とにかく勉強しろって言われました。
西村　航は何かやれって言われた？
遠藤　宿題やれ、くらいですけど。あと、ちょっとだけ習字をやってた。それくらい。
西村　塾は行ってないでしょう。
菊池　中学校のとき、行きましたよ。
西村　本当かよ！　航は？
遠藤　僕も中学のときに。
西村　それは、親に言われて？
菊池　自分じゃ絶対行かないっす。
遠藤　僕は自分から塾に行きたいって言いました。勉強できなくはなかったけど、授業聞いているくらいじゃ英語とか数学とか分からなかったから、ちゃんと勉強したいと思って。
西村　すごいよ。
菊池　その年ですごい！
遠藤　けっこうそこから勉強できるようになった。
西村　たしかに優秀だからね。航は高校の先生にベタぼめされた印象しかない。

遠藤　いや、高校は僕もヤバいっすよ。

西村　でも、ほかの教え子はたいてい勉強苦手だったからさ（笑）。

菊池　ハハハ。

西村　いや、笑ってる場合じゃないから。でもおもしろいね。好対照で。航は自分からやるのが多くて、大介はどちらかというと親から促されて。僕も、とにかく母親から勉強しろって言われてた。しなかったけど。

遠藤　やっぱり、自発的にやらないとできないってことですよ！

西村　しつけの面ではどう？　僕は、自分の子どもたちが小学生のころは「9時には寝ろ」って言ってた。宿題が終わってなかろうが、関係ない。寝る子は育つ！　飯食う、寝る。それが子どもには大事だと。

遠藤　なるほど。僕はとくに何も言われてないです。いい子だったかどうかは分からない。父親がまず無口な人だから。母親もどちらかというと、サッカーもそうだけど「どうしたいの？」って僕の意見を聞いて、「じゃあそうしなさい」という感じなんで。しつけというか、怒られたのは弟とけんかしたときくらい。

「うまくなった」実感が、いまへの一歩

西村　二人はなんでそんなにサッカーが好きになったの？　(鳥取ですごした)小学校時代の大介を知る人は、当時はもう完全な〃サッカー小僧〃みたいだったって言ってたんだよね。

菊池　本当にサッカーが好きだなと思い始めたのは、小4くらいからですかね。

チームの試合に出られるようになってきたし、鳥取だったからというのもあるけど、自分のなかでいい感じだな、けっこう自分ゴールできるな、と。楽しくなり始めた。

遠藤　うまくなってんな、みたいな。分かる。僕もシンプルに、最初はリフティング100回できるようになったとか、そういうことがほかのチームメイトより先にできたとか、そんなところから。

菊池　まず（ガイナーレの）スクールが楽しかったですね。いろんな小学校から集まってきていて。

西村　上手な子が方々から集まって、そこでやるのが楽しかったと。

遠藤　僕も、クーバーのレベルがチームと比べたらだいぶ高かったです。

西村　鳥取でのようすもそうだけど、僕も大介を最初に見たとき、インスピレーションで「あ、こいつは違う」って思った。15歳のときだね。

長野で開かれたサッカーカンファレンスに出たときに、「菊池大介という選手を見に来た人がいる」と初めて大介の名前を聞

いて。どんな選手かと誰に聞いてみても「まったくランクが違う」と言っていた。

菊池　鳥取や長野での話だから。逆に恵まれていたかもしれないっすね。

西村　いつもスターで。

菊池　スターというか、高学年になったら、「自分、違うな」という感じはした。たとえばそれが横浜だったら……。

西村　航はずっと神奈川のど真ん中でサッカーやってきたからね。ある意味、見つけたベルマーレはラッキーだったけど、それだけすごい子がいっぱいいた。

遠藤　僕、マリノスの（ジュニアユースチーム）セレクション落ちてますから。

西村　でも航って、たくさんの子どもたちが目指せるモデルになると思ってるんだ。遠藤航選手はJリーグクラブのセレクションに落選したけど、いまは日本代表まで上り詰めている——その過程が子どもたちへのすごく良いプレゼンテーションになる。

遠藤　たしかに。

西村　大介はどちらかというと天才肌だから、まねのしようがないという感覚があるんだ。子どものころからピッチにいるときの華やかさがあったからね。

プロ入りが夢から目標へと変わるとき

西村　プロになりたいと思ったのはいつ？

菊池　小学校からプロになりたいと思ってました。高学年のころはもう、将来の夢を書くときは絶対、「プロサッカー選手」って。

西村　サッカーが楽しくなり始めたころだ。

遠藤　僕はたぶん、サッカーやり始めた小1のころから。

西村　じゃあ、プロになれるんじゃないかと思ったのはいつ？

遠藤　僕はユースのころ。高2のとき国体で優勝して、U－16の代表に入ったんです。プロにちょっと近づいた。夢っていうよりは目標に変わってきた。

菊池　僕は、湘南に行った高1ですね。

西村　もうJ2の試合に出てたもんな。

菊池　でも、あのときは出ている感覚がなかった。「どこなんだここは」「何で僕が出るんだろう」みたいな感じ。別に何ができるわけでもなく終わって。

遠藤　初得点はいつでしたっけ？

菊池　その次の年、高2のとき。高1は1試合しか出てないです。

西村　それがJ2最年少得点の記録になって。

菊池　高1でプロの練習に呼ばれたくらいから、何となくプロに近づいたんじゃないかと感じた。当時の長野県は、Jリーグクラブもなければ、Jリーグの下部組織と試合したこともなかったし。

遠藤　中3から高1への環境の変わり方がヤバいですね。

菊池　中3のとき、北信越選抜で参加したナショナルトレセンの合宿では、Jリーグクラブの下部組織の選手たちがいっぱいいて。常連組であろう人からは「こいつ誰だ？」みたいな雰囲気だった。

遠藤　あれ、嫌だよね。孤独感がある。

菊池　本当に嫌だった。それで高校のチームじゃなくて、Jリーグの下部組織に入りたいって思った。

西村　ヴェルディとグランパスから誘われて。

菊池　3チームの練習に行って、ベルマーレに決めたんです。

西村　航もやっぱり嫌なんだね。年代別とか行ったときの雰囲気が。

遠藤　最初はね。

西村　でも、いつも最終的にはキャプテンになる。

遠藤　それがなぜかは分からないですけど、最初のコミュニケーションが大事だとは思ってたから、けっこう話しかけたりはしていました。

西村　最初の入口が大事だね。

子どもだけで現地へ――中学生主将奮闘！

西村　話は変わるけど、小中学校のチームとかで、サッカーに限らず受けて良かったと思う指導は？　ベルマーレは、しつけに関しては厳しかったね。

遠藤　あいさつとか、人として当たり前のことを当たり前にできるようにしてくれたのは、中学校かな。反抗的になったりして難しい時期じゃないですか。それでも正しくさせる。勉強しろとも言われたし。

とくに僕は、小学校も中学校もキャプテンだったから。中学のときは遠征先へみんななで電車で行ってたんですけど、1年から3年まで当時50～60人。キャプテンの僕が遠征先の場所だけをとりあえず渡されるんです。で、場所の行き方を調べて。

西村　それを航がやるんだ。

遠藤　ぜんぶ。ボールとか荷物も全部持って行かなきゃいけないから、ちゃんと管理させて、集合時間を何時って決めて。移動するときも、「ちゃんと2列で歩けよ！」とか。

菊池・西村　ハハハ。

遠藤　先生は一緒に行かないし。子どもはバラバラで行くのはダメ、全員で行くのが決まりだったから戸塚駅に集合して、そこから集団行動。中学校でそれを経験できたのは大きかった。

西村　すごいな。初めて聞いた。ベルマーレですら、三々五々集まって現地集合だったのに。全体行動2列で歩け、か。おもしろいね。

そういうリーダーシップというか、人をまとめるうえで困ったことはなかった？

遠藤　「はぐれないように詰めて歩け」って言ってもすごい後ろの方でちんたら歩いている人がいたり、他人に迷惑をかけちゃった人がいて試合ができなくなったり。いろいろありましたけど。

西村　そういうときどうするの？　現場は航が中心でしきらなきゃいけないわけで。

遠藤　最終的にあやまらなきゃいけないのは僕なんで、僕が先生に言いに行く。

西村　で、怒られると。

遠藤　ちゃんと協力してくれる人もいれば、言ってもあまり聞かない人もいたけど、それに対して僕は怒ったりはしない。そういう人もサッカーになると、すごくがんばってまじめにやるんです。結局、集団行動としては問題あったけど、サッカーというベースに関して言えば全然問題なかったから。

けんかはピッチの上でだけ

西村　大介は佐久サームのとき、エースでスターでしょ。キャプテン？

菊池　いや、副キャプテンです。小学校のときはキャプテンやりましたけど。

西村　大介がまとめる立場のときは、どんな感じなの？

菊池　まとめるというか、みんなが僕のことをリスペクトしすぎて……。

菊池大介選手

遠藤　ハハハハ。

菊池　いや、みんなが僕を怖がっちゃって。もう一人、佐久サームから静岡学園高に行った子がいたんですけど、僕ら二人の存在が、キャプテンを通り越してみんなを威圧してしまうというか。

遠藤　大さんが文句言ったら、みんな萎縮

して何もできなくなっちゃう感じで。

菊池　そう。自分らがいるせいで、逆にうまくいかない。みんなが緊張しちゃって。

遠藤　気の遣い合いみたいな。

菊池　気持ちも含めて、「もっとやれよ」と言ってできるメンバーばかりじゃないし、自分もとんがってたんで、なんでできないんだとか思ったり。やっぱり勝ちたかったから。若いコーチに対してもすごくツンツンして……。いまではすごく反省してます。

西村　僕もブログで子どもたちのけんかの話とか書いたけど、二人はそういうとき、どう対処するのかな。

菊池　小中学校時代で言うと、サッカー中はけんかというか、イライラしたり、言ったり言い返されたりすることもあったけど、サッカーから離れても引きずってるとか、普段も口聞かないなんてことはなかった。ピッチの中の問題だったんで、普段は仲良かったし。そこが一緒になっちゃうとしんどいから、ちゃんと分けて考えた方がいいと思います。

遠藤　僕も、練習とかピッチで言い合うことはあった。でも大さんが言うように、メリハリはありました。

西村　ドイツ人はピッチでけんかとか普通にあるからね。だけどサッカーが終わったら「さっきは悪かった、ごめん」ですむ。日本はけっこう引きずるね。とくにこれから航も経験するかもしれないけど、いまの社会で難しいのは親が関わること。子どもは子ども同士で解決したらいちばんいい。

航は、キャプテンを務めることが多くて、まとめ方というか、大事にしていたことは何かあるかな。

遠藤　僕は、あんまりまとめようとしないです。結局まとまらないから。プロになればなるほど、さっき言ったような「サッカーをしっかりやっているかどうか」がいちばん大事で、サッカー＝仕事と考えたら、仕事さえちゃんとやっていれば、あとは私生活も関係ない。そのメリハリをつけることを、より意識しているという感じです。

もちろんサッカー上の問題があったり、話さなきゃいけないことは話しますけど、それ以外のことは突っ込まない。あとはプレーで自分が見せる。それしかないです。影響力のあるプレーができるように。

誰だって、つまずくことはある

西村　二人ともつまずいたことはなさそうに見えるけど、そういう経験はあった？

遠藤　僕は小6でJリーグクラブのセレクション落ちているんで。もともと父親に「どうせ受からない」と言われながら受けたからショックは意外となかったけど、そん

遠藤 航選手

なもんかと思いながらも、やっぱり自分のなかでは何か起きるんじゃないかって思ってたから……。

でも父親はそう言いながらも、中学校に良い指導者の先生が来たとか、そういうことは教えてくれて。クラブチームで受かったところもあったけど、その先生が決め手で結局中学のチームに行きました。

その中学では、小学校から一緒だったサッカー仲間が急に伸びて先に上に行った。それはけっこう悔しさがありました。自分はずっと一番で、中学校もキャプテンやって1年から試合出ていたし。

菊池　僕はつまずいたというか、小学校のとき、鳥取県大会で優勝して全国（※2）に行って。予選グループが江南南とマリノスとアビスパだったから、開会式からみんなビビっちゃった。予選グループは、大敗で全敗でした。怖いもの知らずだった自分自身もこのとき初めて、何だこれ……みたいになったのは覚えています。めちゃくちゃショックでした。すべてが違ったから。

あとは転校ですね。正直寂しかった。

西村　何回転校したの？

菊池　小学校入学のタイミングで鳥取へ行って、中学入学と同時に長野へ。

西村　新しい場所へ行くときって、難しさはあるよね。

遠藤　環境が変わるわけですもんね。

菊池　まだ幼かった小学校のころに比べると、中学での転校は本当に嫌で、けっこう大泣きして。でも、親も本当はもっと早く行かなきゃならなかったんです。父親だけ先に行って、自分が卒業するタイミングに合わせてくれたのはすごく大きかった。3つ下の弟は、はざまでしんどかったと思う。

西村　僕も長野に戻るときは一人で先に行って、家族は終業式終わるまで平塚に残らせたよ。

でも大介は、湘南へは自分の意志で来たもんな。それはすごかったと思う。

※2　2003年の第27回全日本少年サッカー大会。菊池選手所属の就将SC（鳥取）は、予選で江南南SS（埼玉／優勝）、横浜Fマリノスプライマリー（神奈川）、アビスパ福岡U－12（福岡）と対戦。

僕らなりの子育て

西村　大介の転校とか、そういうときの親のサポートって大変だよね。今度は親目線の話を聞きたい。航は3人の子どもがいるけど、子育てで大事にしていることは。

遠藤　……できるだけ何も言わない（笑）。

西村　父親譲りの主義だ。

遠藤　そう。それはそのまま受け継ぐ。子どもたちには自立してほしいんで。

自分で意見をしっかり言える人になってほしいから、あんまり僕からああしろ、こうしろと言わずに、どうしたいかを聞くようにしているんです。

西村　いいね。それが遠藤家なんだな。大介は、将来子どもを持ったとしたらどうしたい？

菊池　まず、周りの人を大事にしろとは言います。礼儀というか、ある程度の常識はちゃんと教えたい。いまどき大人でも意外といるじゃないですか、ちゃんとできていない人。自分の子どもにはそうなってほしくないなと思う。

あとはもう自由に、自分の好きなことをやらせたい。

遠藤　やっぱりサッカーはやってほしい。いまいちばん上が年少で、やってます。

西村　そのスクールには航も顔を出したりするの？

遠藤　いや、さすがに行かないです。嫁に任せます。

西村　見に行きたくならない？

遠藤　あんまりならないですね。公園とかで一緒にボール蹴って、それで成長を感じたら別にいいかなって思う。あとは、嫁が撮影してきた動画を見せてもらったり。この前は、フットサルコートの真ん中あたりにうちの子がいて、ちょっと浮き球でボールが来たんですよ。それを蹴ったら、前にいる全員の頭上を越えてゴールに入った。ほんとすごいですよ。

西村　親ばかだ！　でも、航は〝親子でJリーガー〟が夢だと言ってたね。

遠藤　そうです。自分が30代後半までがんばれば……。いちばん下もまだ1歳ですけど、歩いた瞬間ボール蹴りましたからね。

菊池・西村　親ばかだね（笑）。

遠藤　ハハハ。でも上の子が蹴っているのを見ているから、下の子は覚えるのが早いです。

全国の「長男」に勇気を！

西村　それも聞こうと思っていたんだ。二人とも長男でしょう。長男の自分と弟とでは、親も言うことが違ったりしなかった？

遠藤　上は常に怒られている感じはある。

菊池　僕も同じですね。

西村　弟はそういうのを見て要領良く学ぶからね。だからサッカーも日本代表は次男、三男ばっかり。

遠藤　長男、僕くらいじゃないですか。

西村　親からすると、上の子のときは初めての子だし、一人しかいないから、自然と手をかけちゃうんだよな。下の子になると扱いが雑になる……というと語弊があるけど、慣れてくる。

遠藤　なりますね。上の子のときは、ちょっと頭ぶつけただけで「大丈夫か!?」て感じだったのに、いま下の子がゴロンゴロン頭ぶつけていても「このくらいなら大丈夫、大丈夫」みたいな。

西村　だから兄弟姉妹でも下の子のほうが自立しやすい。親が箱入り娘、箱入り息子みたいに接しないから。

遠藤　それは痛感しますね。

西村　Ｊリーグクラブの育成担当の人たちの間では、次男や三男が大成し、長男は厳しいというのが定説みたいになっている。そういう意味では、大介と航が長男でＪリーガーになったっていうのはすごいなと思うし、そういう固定概念を変えたとも言える。日本全国の長男の皆さんに、すばらしいエールになるよ。

菊池　実際、本当に長男少ないですもんね。

遠藤　僕も、下の子が成長早いから、上の子にがんばってほしいって感じます。サッカーもそうだけど、小学校くらいになったら、二人の能力が同じくらいになる瞬間がどこかで来る気がする。追い越されないようにがんばれよって思う。自分自身が長男だから、気持ちが分かるというか。

西村　僕も長男だし、その気持ち分かるな。

親との関わり――反抗期はなかった!?

西村　親に感謝していることは。

菊池　すべてに感謝しています。自然な流れとはいえ、転校にも感謝しているんです。いろんなところに行けたし、いろんなところに友達できたし、チームが変わって新しい人と関わるとか、そういう経験ができて良かった。育て方に関しても、いま思えば本当にそれが正しいと思うし。

遠藤　もともと感謝はしていたけど、自分が家族を持って、あらためて親のすごさが分かりました。自分に子どもが生まれてみると、まず家族を養っていること自体すごいし、出産にしても家を借りるにしても、いろんな手続きがあって手間がかかったりする。そういうのをいろいろ含めて父親すごいなと思ったし、こんな小さいころから育ててくれた母親もすごいなと感じたり。

西村　子どものころ、親との関係は良かったでしょ？
菊池　良かったと思います。
遠藤　僕も。
菊池　親に対する反抗期って一度もなかったですもん。
遠藤　ウソだ……。
西村　ふすまを蹴っとばしたりしなかったの？　僕んちなんか、ふすま穴だらけだよ。
遠藤　マジすか！
菊池　反抗期って何だろう？　ツンツンした時期はありましたけど、親に「ふざけんな」とか言ったことないし。
遠藤　僕は小学校時代がいちばん悪ガキだった。授業のチャイムがなっても、授業に出ずに校庭にいる。そして親が呼ばれる、みたいな。
西村　そういうとき、親は何て言うの？
遠藤　母親は普通に怒りますけど、父親に直接何か言われたことはないです。
西村　航が小学校時代やんちゃしていたとは、意外だった。
菊池　イメージないですよね。
西村　航に関しては、高校の先生が絶賛してたからね。プロになるって決めて、自力で受験して大学に入るしさ。
　大介は夜に学校行ってたから、僕も知らなかったんだ。高校の友達がほとんどいないって。大介自身がプロを望んだっていうのもあったけど、そこをフォローできなかったのは申し訳なかったなと思う。佐久にいるときは旧友と楽しそうだからなおさら。

遠藤　でも、そのぶんトップの選手と仲が良かった。そこは難しいですよね。
西村　一足早く大人の世界に仲間入りした感じだ。高1の多感な時期に親元離れることは、大介自身どう感じていたの。
菊池　意外と寂しさとか、嫌だっていう感情はなかったです。親は寂しさもあっただろうけど、僕よりだいぶ賑やかな弟が残るんだから大丈夫でしょ、って感じで。
　ただ、平塚で引っ越し終わって親が帰ってから、めっちゃ泣きました。一人になった瞬間に何かこみあげてきて。始まるんだな、と。
遠藤　高1から一人暮らしってすごい。
西村　だから僕も、よく大介のところにDVDとか持って行ってたな。飯《めし》に呼んだり。
菊池　ベルマーレもサポートしてくれていたから、ありがたかったです。
　母親は心配でときどき来てたけど、父親は、僕と一緒であんまりしゃべるタイプじゃなくて。いまでも実家に帰ったとき二人ではあんまりしゃべらない。
遠藤　ハハハハ。僕は子どものころよりいまの方がしゃべります。サッカーの話もする。けっこう父親はサッカー観ているから、言うこと間違ってはいないんです。だから何も言い返したりしない。
西村　いまの方が話すんだね。
菊池　僕は逆ですね。父親の方が気を遣っているのか、何も言わない。僕がサッカーやってたから目は肥えているんですけど。子どものころは父親とキャッチボールしたり、いろいろ話してた。
西村　大介って天真爛漫って感じだから、いつも親と楽しく話しているのかと思ってた。意外だな。

サッカーを愛する子たちに伝えたい

西村　最後にまたサッカーの話に戻るけど、活躍するうえで必要な力って何だと思う？
菊池　メンタルはけっこう重要だと思います。
遠藤　それは一つある。
菊池　良いものをどれだけ持っていても気持ちが弱かったら発揮できないと思うし、自分のなかで勝とう、楽しもうという気持ちが出てこないと、良いパフォーマンスにつながらない。
西村　子どものころやんちゃだったタイプの方が残るよね。ただしプロはお客さんがお金を払って観に来るわけだから、やんちゃだけど、人として大事な部分はきちんと持っている人が最後に残る。
遠藤　たしかに。
西村　メンタルを鍛えるには、どうすると良いだろうか。
遠藤　経験するしかない。「逃げないこと」じゃないですか。何でもいい、自分にとってここが大事という場面で、逃げない。
それがテストかもしれないし、このテストは自分にとってすごい大事っていう瞬間があるとしたら、それに対して「もういいや」ってなる人は、たぶんメンタルは強くならない。どうすれば点を取れるようになるか、まじめに考えて臨める人が強くなる。たとえ結果が出なくても、次にここぞの場面が来たときに、少し成長したメンタリティーで臨める。その経験の繰り返しかと。

サッカーで言ったら、最初はユースの大会だったり、国体の試合だったり、ここぞという大事な試合に真剣に向き合って経験していくと、けっこう強くなる。

西村　ちゃんと向き合うと。航はずぶといよね。

遠藤　ずぶといっすね。

西村　大介は案外こたえているかなと思っても切り替わる力はある。二人ともメンタルが弱かったら、いまはなかっただろうし。

遠藤　良い意味で気にしないのは大事ですよね。でも、小中高ではなかなか難しい。教える人もまずいないし、学ぶ場があるかと言われると……。そう考えると、何かしらスポーツはやっていた方がいいと思う。何もやっていないよりは、メンタルは強くなると思います。

西村　将来サッカー選手を目指す子どもたちに伝えたいことは。

遠藤　小学校だったら、純粋にサッカーを楽しんで、サッカーを好きになってほしい。中学生は、変に難しい技術を学ぼうとするんじゃなくて、サッカーの基本を身につけてほしい。中学ともなると勉強も大事で、文武両道でできるように。高校はプロが近づいていると思うから、とにかくそこに向けて何が必要か、自分が成功することを考えて進んでいってほしいです。

菊池　……すごく良いこと言われた。

遠藤　先に言ったもん勝ちだから。

菊池　それでも、言えちゃうのが僕だから。

遠藤　あ、言えちゃうんだ（笑）。

菊池　そのときそのときで目標をちゃんと持って進んでほしい。目の前の目標を一つクリアしたらまた次の目標、そこに行けたらまた次、というように。あとは、航と同じで純粋に楽しんでほしい。

航みたいにオールラウンダーになれたらいちばんいいですけど、何かこれぞという武器を持って、プロを目指して全力で取り組んでいれば絶対に見てくれる人はいるし、それを信じてやってほしいなと思います。

遠藤　良い言葉、大さん。「信じて」ね。

西村　今日は二人とも本当に忙しいなか、ありがとう。これからも活躍を楽しみにしています。

おわりに

子どもたちに笑顔があふれる活動をする。

子どもたちの夢を一緒に追いかける。

その二つを遂行するために、僕はサッカーコーチをしています。サッカーを通じて、子どもたちが心身ともに健全に育ちますように――と願い、日々活動しています。


僕がブログを書き始めたきっかけは、キャリアコーチの菊池啓子さんから「タケオはおもしろい話をするから、ブログを書いてみたら？」と言われたひとこと。その場は「ムリ！」と即答したものの、あのひとことは人生の大きな転機となりました。

ある日のスクール終了後、スクール生の保護者の方から「うちの主人が、コーチのブログが大好きで……」というお言葉をいただき、人から人へのご縁があって、このたびの書籍化へとつながりました。

出版にあたり、編集を担当していただいたボロンテの坂西さん、宮島さん、いつも僕の生意気な質問、疑問に答えてくださり、帯に推薦文を書いてくださった岡田武史さん、鼎談で貴重な話を聞かせてくれた遠藤航選手、菊池大介選手とそのサポートをしてくださったスタッフの方々、お世話になった皆々様に心から御礼を申し上げます。

そして、いま、この本を手にとってくださった皆様へ。ありがとうございます。楽しんでご一読いただければ幸いです。

最後に、僕から読者の皆様にお願いがあります。

共感していただけたならば、この本の表紙の写真をパシャッと撮り、ＳＮＳにアップしていただきたいのです。そこにひとこと、感想などのコメントを書き添えてもらえたらうれしい！

読んでくださった方の言葉は、本の中身を何より正直に物語ります。この本の最終章は、皆さんが作り上げると思っています。

この本で、皆様に笑顔の機会が増えたなら、大変うれしく思います。

日本中に、そして、世界中に笑顔があふれますように。

西村岳生

○著者プロフィール

西村岳生（にしむら・たけお）
（一社）Traum Akademie代表理事・ドイツサッカースクール代表
1972年生まれ、長野県松本市出身。松商学園高から中京大学卒業後、ドイツへ渡りケルンスポーツ大学で学びながら現地でもプレー。1998年以降ドイツ、日本両国のプロクラブで子どもたちのコーチを経験し、2013年に代表として「ドイツサッカースクール」を立ち上げた。現在はJリーグ中継の解説、講演なども行なっている。
・ドイツサッカー協会A級指導者ライセンス取得
・日本サッカー協会B級ライセンス
・コーピングインスティテュート・コーピングコーチ

指導歴
1994　中京大学サッカー部コーチ
1998-2004　TSV1860ミュンヘンU-10〜17コーチ
2005-2007　湘南ベルマーレ　ジュニアユースコーチ
2008　湘南ベルマーレ　ジュニア監督
2008　JリーグオールスターJOMOカップ、Jリーグジュニア選抜監督
2009　湘南ベルマーレ　ユースコーチ
2010-2012　AC長野パルセイロ　ジュニアユース監督
2013-　ドイツサッカースクールコーチ
2017-　トゥラウムアカデミー・ジュニアユース監督

ニシコーチの子・育つサッカー

泣き笑い個性満開スクールデイズ

2018年3月20日　初版第1刷

著　者　西村岳生
発行者　宮島悦雄
発行所　ボロンテ。
〒380-0935長野市中御所3-2-1カネカビル2F
TEL（026）224-8444　FAX（026）224-6118
www.volonte93.com
印刷所　大日本法令印刷株式会社

ISBN978-4-939127-20-5